시편으로 기도하기

PRAYING the PSALMS
copyright© 2004 Elmer L. Towns
All right reserved.
Published by Destiny Image Publishers, Inc.
P.O. Box 310, Shippensburg, PA 17257-0310
All rights reserved.
Korean Translation Copyright © 2009 by Shekinah publications.

이 책의 한국어판 저작권은 쉐키나 출판사에 있습니다.
저작권법에 의해 한국에서 보호받는 저작물이므로 무단전재와 무단복제를 금합니다.

엘머 타운스 글 · 이상훈 옮김

시편으로 기도하기

하나님을 체험하고
그의 만져 주심을 경험하기 위한 기도 안내서

| 목 차 |

6 ♣ 추천문

8 ♣ 서문

12 ♣ 시편은 어떤 책입니까?

15 ♣ 시편으로 하는 기도 안내
    기도하고 싶을때 찾아보아야 할 곳

19 ♣ 시편으로 기도하기 전에 알아야 할 것들

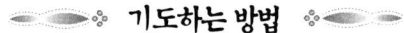
기도하는 방법

27 ♣ 실제로 기도해 보기 | (시편 1-2편)

35 ♣ 잠시 중단하고 묵상하고 싶을때 하는 기도 : 셀라 | (시편 3 - 30편)

87 ♣ 대적을 만날때 하는 기도 : 시편 31편 | (시편 31 - 38편)

111 ♣ 인도하심을 받고 싶을때 하는 기도 : 시편 39편 | (시편 39 - 41편)

121 ♣ 하나님을 알기 원할때 하는 기도 : 고라 자손의 시편 | (시편 42편 - 49편)

143 ♣ 구원을 간구 하는 기도 : 아삽의 시편 | (시편 50편)

153 ♣ 죄 용서를 받고 싶을때 하는 기도 : 시편 51편 | (시편 51 - 83편)

227 ♣ 행복해지고 싶을때 하는 기도 : 시편 84 : 4 | (시편 84 - 101편)

267 ♣ 외로울때 하는 기도 : 시편 102편 | (시편 102 - 108편)

297 ♣ 화났을 때 하는 기도 : 저주하는 시편들 | (시편 109 - 119편)

339 ♣ 성전에 올라가는 시편들(소위 올라감의 시편들) | (시편 120 - 145편)

381 ♣ 정말 행복하다고 느낄 때 하는 기도 : 할렐루야 시편들 | (시편 146 - 150편)

추천문

아내와 나는 시편을 장 단위로 기도하기 시작했습니다. 우리가 시편 2편을 정독했을 때 그 장의 의미를 깨닫기 시작했습니다.

우리는 그 시편에서 주 예수 그리스도를 발견한 적이 없었습니다.

경건한 한 목사님과 우리가 시편으로 기도하기를 나누자 그 목사님은 "이건 놀라운 걸!" 이라고 말했습니다.

나는 당신이 시편으로 매일 기도해 볼 것을 권면합니다.

왜냐하면 그것이 더 높은 차원으로 당신의 예배를 끌고 갈 것이기 때문입니다.

다우 올드함, 복음성가 가수
3회 금상과 1회 백금 레코드 수상
올해의 복음성가 가수상, 1974

〈시편으로 기도하기〉는 경건의 시간에 매일 하나님을 만나는 놀라운 방법 중의 하나입니다. 말씀으로 기도할 때보다, 하나님께 더 가까이 갈 수는 없습니다.

시편의 책이 하나님의 마음을 반영하기 때문에, 시편으로 기도할 때 하나님의 마음에 더욱 가까이 가게 될 것입니다.

빌 브라이트

서문

주님, 저는 시편이 열정을 표현할 수 있고, 시편을 읽을 때 감동이 되기 때문에, 시편으로 기도하는 것을 사랑합니다. 시편 기자는 깊이 감동된 것들을 주님께 털어놓고 있습니다. 주님, 저는 기도로 시편 기자와 하나가 됩니다.

시편 기자는 주님의 마음을 찾아 다녔습니다. 오, 주여 그곳이 바로 제가 가고 싶어 하는 곳입니다. 저도 시편으로 기도하고 싶고, 주님의 마음을 들여다보고 싶습니다.

주님, 저는 시편 기자가 눈물을 흘릴 때 저도 같이 울고 싶고, 시편 기자가 기뻐할 때 저도 같이 소리치고 싶고, 시편 기자가 분노할 때 저도 화내고 싶고, 시편 기자가 주님을 경배할 때 저도 엎드려 경배하기 원합니다.

이 책은 시편을 현대적 기도로 번역해서, 당신이 시편 기자의 입장이 되어서 기도할 수 있게 하고 시편을 가지고 기도할 수 있게 번역된 것입니다. 그러나 원래는 모든 시편이 하나님을 향한 기도는 아니었습니다. 몇 장은 최초에는 하나님에 대한 경건한 생각의 시편으로 쓰여졌습니다(시편 23편).

몇몇 시편은 적들을 향한 분노를 쏟아 붓기도 했습니다(시편 3편, 4편).

몇 장의 시편은 하나님의 법을 가르치기 때문에 교훈적(시편 119편)입니다. 그러나 제가 그것들 모두를 현대적 언어로 바꾼 이유는, 당신이 시편의 말씀을 사용해서 하나님과 대화할 수 있기 위해서입니다.

주여, 이 시편들로 기도할 때 저의 열정적 사랑을 아시기 원하며, 악인에 대해 감정을 터뜨릴 때 분노를 알아 주시기를 원합니다. 종종 보호해 주시도록, 휴식을 위해 혹은 고통에서 자유함을 얻기 위해 시편으로 기도합니다. 때로 주님의 용서와 인생의 인도함을 구합니다. 저는 주님을 만나야 하며 주님도 저를 만나 주시기를 원합니다. 주님의 임재로 들어가기 위해 이 시편들로 기도합니다.

저는 성경이 하나님의 모든 말씀이라는 것을 압니다. 그것이 제가 가르치는 바이기도 합니다. 제가 왜 성경말씀을 최신의 표현으로 고치며 몇몇 현대적 표현과 구절을 추가했는지 말씀드리겠습니다. 바로 당신이 시편을 이해하고 시편으로 매일 기도하도록 돕기 위해서였습니다. 하나님께서 시편을 당신에게 준 이유가 그것 때문이 아니겠습니까? 그래서 당신이 주께 기도하고 주를 위해 살도록 돕기 위한 것이 아니겠습니까?

시편의 히브리어 원본을 모두 참고로 해서, 시편을 통해 정열적으로 기도할 수 있도록 현대어로 써보려고 했습니다. 성경 원문을 이 현대어 판으로 대체하려고 하지 마세요. 성경을 지속적으로 읽어 나가세요. 성경 전체를 경외함으로 읽으세요. 왜냐하면 당신은 당신의 손에 하나님의 말씀을 들고 있기 때문입니다.

주님, 저는 주님의 말씀인 성경을 사랑합니다. 시편을 공부할 때 주님을 더욱 사랑하게 도와주소서. 이 책의 기도가 제 눈을 열어 주님을 더욱 분명히 보게 해 주시고, 하나님의 말씀을 향한 더 깊은 통찰력을 발견하게 하소서.

이 책은 시편으로 기도하기 위한 단지 하나의 도구일 뿐입니다. 만약 이 책이 도움이 된다면, 하나님께 찬양을 올려드리세요. 이 책에서 훌륭한 통찰력을 발견한다면, 그것은 신학교에서 저를 가르치신 히브리어 교수님들과 제가 사용한 연구방법 덕분이라고 생각합니다. 그러나 어떤 부족함이 있다면, 그것은 제게 전적인 책임이 있습니다.

주여, 이 책의 부족함을 너그럽게 보아주시고 독자들이 시편으로 효과적으로 기도할 수 있도록 도와주소서. 그들이 말씀씨나 말의 차이 때문에 시간을 낭비하지 않게 하소서. 그들을 도우사 성경말씀의 감추어진 의미를 보게 하시고, 시편으로 주님께 기도하게 하소서.
주여, 중보의 시편들을 사용해서 중보 기도자들이 승리의 삶을 살도록 도우소서. 예배자들이 예배의 시편으로 주님을 경배하게 도우소서. 초신자들이 처음 기도를 시도할 때 주님의 임재를 느끼게 도와주소서.

독자들이 이 시편을 통해 하나님을 체험할 수 있기를 바라고, 하나님이 당신을 만져 주심을 경험하기를 소망합니다.

엘머 타운스
버지니아 주 블루리지 산(Blue Ridge Mountains) 언덕의 고향에서
주후 2002년 겨울

시편은 어떤 책입니까?

　시편은 당신이 진지하게 읽었던 최초의 성경일 수 있습니다. 그래서 당신은 "시편은 어떤 책입니까?"라고 물을 수 있습니다. 시편은 유대인이 노래로 드리는 기도로 지어졌습니다. 그 노래는 하나님께 대한 깊은 감정을 나타내거나 하나님께 드리는 기도였습니다. 성경시대 때 살았다면 들에서 일하는 사람들이 시편 중의 하나로 노래하는 것을 들었을 수도 있습니다. 혹은 밤에 무화과 나무 아래 앉아 쉬는 한 가족이 시편으로 노래하는 것을 들었을 수도 있습니다. 주님, 저는 열정으로 주님께 노래합니다.

　각 시편은 하나의 예배입니다. 그래서 저는 하나님을 묘사하는 시편 중의 몇 개를 기도로 바꾸었습니다. "여호와는 나의 목자시니"라고 읽는 대신에 "여호와여, 주님은 나의 목자이십니다."라고 당신은 기도할 것입니다. 자, 이제 각 시편은 하나님을 향한 기도입니다. 주님, 저를 가르쳐 주님께 말하게 하소서.

　시편은 당신의 영혼을 반영하는 하나의 거울입니다. 시편으로 기도할 때 당신은 이 거울 안에서 이전보다 더욱 선명하게 당신의 죄와 위선 행위를 볼 것입니다. 그러므로 회개의 시편으로 기도하고 하나님께로 돌아가십시오. 또한, 당신은 이 거울 안에서 경건한 삶의 진수도 보게 될 것입니다. 이제 시편 기자와 함께 다음과 같이 기도해 보세요. "하나님이여 사슴이 시냇물을 찾기에 갈급함같이 제 영혼이 주를 찾기에 갈급하나이다"(시 42:1). 시편의 각각의 거울로 깊이 들여다보면 하나님을 보게 될 것입니다. 이 책은 하나님에 관한 신학 서적은 아니지만, 시편으로 기도할 때 당신은 그분의 인격과 속성의 다양한 면을 보게 될 것입니다. 주님, 저는 주님을 알기 원합니다.

시편은 시이지만 "장미는 빨갛고 제비꽃은 푸르며 하늘의 천사는 제가 당신을 분명히 사랑하는 것을 알고 있죠"와 같은 일반적인 의미의 시와는 다릅니다. 히브리 시는 결코 압운(rhyme)이 있거나 보격(meter)이 있지도 않습니다. 그들의 시는 운율(rhythm)을 가지고 있었습니다. 시들이 다른 구절을 강조할 때도 구절의 의미가 통했습니다. 제가 방금 말한 내용을 이해했습니까? 히브리 시의 비밀은 압운이나 보격을 맞추는 것이 아니라 의미가 통하도록 창작됩니다. 히브리인들은 네 가지 방식으로 구절을 일치시켰습니다.

동의어적 시(synonymous)라는 것은 첫 번째 구절의 사상이 두 번째 구절에 반복될 경우입니다.

"만민들아 이를 들으라 세상의 거민들아 귀를 기울이라"(시 49:1).

대조되는 시(Antithetic)는 첫 번째 구절의 사상이 두 번째 구절의 생각의 반대일 경우입니다.

"악인은 꾸고 갚지 아니하나 의인은 은혜를 베풀고 주는도다"(시 37:21).

합성적 시(synthetic)에서는 첫 번째 구절의 생각이 두 번째 진술을 위한 기초이며 그것을 완성합니다.

"여호와의 율법은 완전하여 영혼을 소성케 하고 여호와의 증거는 확실하여 우둔한 자로 지혜롭게 하며"(시 19:7).

절정의 시(climatic)에서는 첫 번째 구절의 생각이 불완전하며 두 번째 구절 혹은 세 번째 구절에서 결론으로 완성됩니다.

"복 있는 사람은 악인의 꾀를 좇지 아니하며 죄인의 길에 서지 아니하며 오만한 자의 자리에 앉지 아니하고"(시 1:1).

성경에서 시편을 읽을 때, 많은 시편의 앞에(모든 시편이 그런 것은 아니지만) 설명과 함께 제목이 있습니다. 이 시편에서 제목은 각주로 포함됩니다. 학자들에 따라서는 제목을 영감 있는 문장으로 받아들이기도 하지만, 어떤 학자들은 그렇지 않습니다. 제목에서 shiggalon이라는 단어는 '찬양의 시편'으로 바꾸었습니다. maschil이란 단어는 '교훈의 시편'으로 바꾸었습니다. michtan이라는 단어는 '돌에 새겨진 시편'으로 바꾸었습니다. 왜냐하면 그 단어는 '새기거나' 혹은 '~기념비에 새기기'라는 의미를 가지고 있습니다. 주님, 저의 마음이 이 기도들로 주님께 노래하기를 원합니다.

시편으로 하는 기도 안내 :

〈 기도하고 싶을 때 찾아볼 곳 〉

고마울 때	1, 70, 81, 106, 116, 118, 124, 127, 145
감사할 때	1, 8, 18, 30, 37, 45, 48, 53, 59, 63, 65, 66, 78, 81, 87, 89, 98, 100, 104, 105, 106, 111
저주의 기도	2, 3, 4, 5, 7, 9, 10, 11, 12, 17, 21, 44, 52, 54, 55, 58, 69, 74, 75, 79, 83, 109, 110, 129, 140
적을 만날 때 하는 기도	3, 4, 5, 7, 9, 10, 11, 12, 13, 17, 18, 20, 21, 22, 24, 31, 34, 35, 36, 37, 44, 51, 54, 55, 56, 57

기도에 귀 기울이시는 하나님께 드리는 기도	6, 28, 35, 69, 71, 77, 123
창조에 대한 기도	8, 19, 28, 93, 94, 103, 104
위험에서 보호를 구하는 기도	13, 17, 18, 20, 21, 22, 23, 24, 25, 27, 28, 31, 34, 35, 37, 40, 44, 46, 56, 57, 58, 60, 62
하나님을 부인하는 사람들	14
확신을 구하는 기도	15, 20, 26
죽음에 직면할 때의 기도	49, 50, 90, 91
부활과 왕국에 대한 기도	16, 46, 49, 50, 67, 72, 76, 82, 83, 85, 89, 90, 97, 132
지혜를 구하는 기도	19, 126
인도를 구하는 기도	23, 25, 39, 40, 126
하나님과의 친밀함을 구하는 기도	27, 42, 46, 84, 131
하나님의 성소에 항상 있기를 바랄 때	27, 84
하나님이 당신에게 계시해 주시길 구하는 기도	29, 42, 131
용서를 구하는 기도	32, 51, 66, 80, 85, 88,

	107, 130
다른 이들을 축복하는 기도	33, 36, 137
고통받을 때의 기도	38, 41
치유를 구하는 기도	41
낙심될 때 소망을 구하는 기도	43, 102
당신에게 권위를 가진 사람들을 위한 기도	45, 61
하나님을 영화롭게 하는 기도	47, 57, 63, 73, 76, 93, 95, 96, 98, 104, 113, 128, 134, 146, 147, 148, 149, 150
예루살렘에 대한 기도	48, 65, 84, 87, 89, 122, 126
하나님의 축복을 받기 위한 기도	49, 65, 90, 92, 101, 115, 120, 123, 125, 126, 127, 133, 147
회복을 구하는 기도	51, 80, 102, 107, 116, 130, 137
기쁨의 기도	63, 97, 100, 115
하나님의 통치하심을 감사하는 기도	99, 105, 106, 111, 113, 114, 118, 121, 136, 139, 145, 146, 147, 148
하나님의 말씀을 구하는 기도	19, 119, 135

감사의 기도	112, 113, 116, 135, 139, 145, 148, 149, 150
적을 만날 때의 기도	58, 59, 60, 61, 64, 68, 69, 75, 86, 91, 94, 95, 108, 120, 138, 141, 142, 143, 144

시편으로 기도할 때 알아야 할 것들

기도는 어려운 것이 아니라 단순히 하나님께 말하는 것입니다. 제가 하고 있고 당신도 할 수 있고 모든 사람이 합니다. 당신도 하나님께 말할 수 있습니다. 이 책은 당신이 하나님께 말하는 것을 돕기 위해 준비된 것입니다.

주님, 저는 주님과 대화하고 싶습니다.

히브리어로 시편이란 단어는 Tehillum, 즉 '기쁨이 넘치는 음악을 만드는 것'이란 의미입니다. 그래서 이 책은 실제로 음악으로 하는 기도의 모음입니다. 번역할 때, 그 단어는 그리스어 제목 Psalmo, 즉 '노래들'로 번역되었습니다. 그 단어가 영어에 도입되어서 오늘날은 시편이라고 합니다. 히브리어 Tehillum은 근원어 halal, 즉 '기뻐하기' 혹은 '큰 소리로 인사하기'로부터 온 것입니다. 영어의 안녕(hello)이라는 단어는 바로 이 단어에서 온 것입니다. 그래서 halal으로 기도할 때 온 우주의 주님께 기쁘게 인사하는 것입니다.

안녕하세요? 하나님, 저예요. 저의 소리에 귀 기울여 주셔서 감사해요.

우리는 다양한 방식으로 말합니다. 우리는 어떤 것을 부탁하며 감사를 표시합니다. 우리는 한가롭게 수다를 떨기도 하고 협상하기도 합니다. 우리는 분노를 표출하며 불평하며 칭찬도 합니다. 이와 똑같이, 기도에도 다양한 방식이 있습니다. 다양한 시편으로 기도하기 시작할 때, 하나님께 다양한 방법으로 말할 수 있다는 것을 발견할 수 있습니다.

주님, 저를 가르쳐 모든 가능한 방법으로 기도하게 하소서.

첫 번째 하나님께 말하는 방법은 하나님을 칭찬하는 것입니다. 이것은 성경에서 경배(worship)라고 불리는 것입니다. "오라 우리가 굽혀 경배하며 우리를 지으신 여호와 앞에 무릎을 꿇자"(시 95:6). 당신은 그분께서 받기에 합당한 '가치(worth)'를 하나님께 드려서 경배하는 것입니다. 예배드리는 행위는 우리가 그분을 '가치 있으신 분(worthship)'으로 인정하는 것입니다. 하나님은 모든 예배를 받기에 합당하신 분이므로, 우리는 당연히 자신이나 거짓 신들이나 세속적인 쾌락으로 예배의 대상을 삼아서는 안 됩니다.

주님, 저는 주님의 장엄하심을 예배합니다.

예수님께서는 "참된 예배자는 영과 진리로 아버지를 예배할 것이다. 왜냐하면 아버지는 이런 방법으로 예배하는 사람들을 찾고 계시기 때문이다"(요 4:23, 저자의 번역)라고 말씀하셨습니다.

영으로 하나님을 예배하는 것은 어떤 것도 아끼지 않고 영혼 전체를 찬양 중에 쏟아 붓는 것입니다. 진리로 아버지를 예배하는 것은 진리의 말씀이라고 불리는 하나님의 말씀 안에서 가르쳐 주시는 하나님의 방식을 따르는 것입니다.

주님, 저는 주님을 온 마음을 다해 예배하며, 성경(진리)이 예배하도록 저에게 말씀하시는 대로 주님을 예배합니다.

두 번째 기도하는 방법은 용서를 구하는 기도입니다. 당신이 하나님께 가까이 가는 것을 죄가 방해할 때 기도할 수 없습니다. 시편 기자는 "내가 내 마음에 죄악을 품으면 주께서 듣지 아니하시리라"(시 66:18)고 기도했습니다. 따라서, 당신은 용서를 구하는 시편으로 기도하기를 사용해서 기도할 수 있습니다. "주의 많은 자비를 좇아 내 죄과를 도말하소서"(시 51:1). 그렇게 기도하면 하나님께서 "네 모든 죄악을 사하심"(시 103:3)으로 당신은 시편 기자가 느꼈던 기쁨을 경험할 수 있습니다. "사유하심이 주께 있음은 주를 경외케 하심이니이다"(시 130:4)라는 고백으로 기도하기를 배워야 합니다. 그때 당신은 당신의 죄를 용서하는 하나님께 예배하고 감사하게 됩니다.

주님, 저의 과거, 현재, 미래의 죄 모두를 용서해 주셔서 감사합니다.

세 번째 기도하는 법은 당신 자신을 하나님께 복종시키는 기도입니다. 그것은 사람들이 소위 말하는 "하나님께 항복하며 두 손 들고 나오는 기도"입니다. 주기도문에서는 이런 자세로 기도하라고 말합니다. "당신의 뜻이 이루어지이다." 당신은 그분에게 복종해서 주님의 제자가 되었습니다. 이제 매일 매일 그 결정을 새롭게 해야 합니다.

주님, 오늘 저는 저 자신을 주님께 드립니다.

시편 100편은 자신을 하나님께 드리고 있는 사람의 모습을 우리에게 보여 줍니다. "우리는 그의 백성이요 그의 기르시는 양이로다"(시 100:3). 주님을 따른다는 것은 "감사함으로 그 문에 들어가며"(시 100:4), 즉 당신이 하나님께 감사의 제사를 드린다는 것을 의미합니다. 그런 다음, 당신은 "찬송함으로 그 궁정에 들어가게 됩니다"(시 100:4).
주님, 오늘 저는 저의 육신을 살아 있는 제물로 바칩니다.
저를 주님의 뜻에 맡깁니다.

네 번째 기도하는 방법은 자신을 보호해 주시도록 기도하는 것입니다. 오늘 당신은 무엇을 두려워하십니까? 파산입니까? 가족의 사망입니까? 질병? 테러리스트들의 공격? 육체적 장애? 하나님은 두려움과 죽음으로부터 당신을 보호할 수 있습니다. 당신은 질병에 걸려서 죽을 수 있으나, 하나님은 당신에게 승리의 영을 주셔서 죽음이라도 하나님의 선물이 될 수 있게 하시는 것입니다. 혹은 하나님이 당신을 치유하실 수도 있습니다.

시편 기자는 "이 곤고한 자가 부르짖으매 여호와께서 들으시고 그 모든 환난에서 구원하셨도다"(시 34:6) 라고 기도했습니다. 고통이라는 단어는 복수형인 것을 기억하십시오. 하나님은 모든 종류의 고통으로부터 그를 구원해 주셨습니다. 오늘날 당신은 얼마나 많은 종류의 고통 가운데 있습니까? 시편 기자는 어떤 방법으로 당신을 구원해 주실 것인지 다음 구절에서 말하고 있습니다. "여호와의 사자가 주를 경외하는 자를 둘러 진 치고 저희를 건지시는도다 "(시 34:7).
주님, 제가 만나는 두려움과 제가 알지 못하는 두려움들로부터 저를 구원

하소서.

　다섯 번째 기도하는 방법은 인도하심을 구하는 기도입니다. 당신은 문제나 결정에 대한 해답을 찾고 있습니까? 만약 그렇다면 시편으로 기도하는 것이 해답을 찾도록 도울 수 있습니다. 기도 중에 당신의 인생을 향한 하나님의 뜻을 발견할 수 있습니다. 하나님은 "내가 너의 갈 길을 가르쳐 보이고"(시 32:8)라고 약속하십니다. 그 약속에 근거해서 당신은 그가 당신을 인도하실 것에 대해 확신을 가질 수 있습니다. "그는 나를… 인도하시는도다"(시 23:2).

주님, 제 손을 잡아 주시고 어려운 결정을 해야 할 때 저를 인도하소서.

　여섯 번째 기도하는 방법은 승리를 구하는 기도입니다. 모든 하나님의 사람은 죄를 극복(시 51편)하거나 적을 격퇴(시 7편)하기를 원합니다. 시편 기자는 주님의 능력 안에서 다음을 약속하고 있습니다. "우리가 하나님을 의지하고 용감히 행하리니 저는 우리의 대적을 밟으실 자심이로다"(시 60:12) 시편 기자는 또한 미래의 승리를 약속하면서 말합니다. "내가 여호와의 집에 영원히 거하리로다"(시 23:6).

주님, 저는 지금 승리를 원합니다. 저는 패배하는 것에 진절머리가 납니다. 저는 오늘 승리를 원합니다.

　일곱 번째 기도는 공급하심을 구하는 기도입니다. 당신은 어떤 것을 다른 사람에게는 부탁하면서 왜 하나님께는 부탁하지 않습니까? 시편 기자는 좋은 수확, 늘어나는 무리 떼, 건강한 가족, 좋은 건강을 포함하는 하나님의 축복을 원했습니다. 그러나 구약의 성도는 물건들, 돈

그리고 신약에서 가르쳤던 것처럼 기도의 응답들을 구하지 않았습니다. 구약인 시편에서 시편 기자는 만약 하나님을 신뢰하며 하나님께 순종하며 열심히 일한다면, 하나님은 물질적인 것으로 그를 축복할 것이라고 느꼈던 것 같습니다. "여호와께서 우리를 생각하사 복을 주시되 이스라엘 집에도 복을 주시고 아론의 집에도 복을 주시며 대소 무론하고 여호와를 경외하는 자에게 복을 주시리로다 여호와께서 너희 곧 너희와 또 너희 자손을 더욱 번창케 하시기를 원하노라"(시 115:12-14). 공급해 주시기를 구하는 기도는 예수님 친히 가르치셨던 하나님 나라의 원리입니다. "지금까지는 너희가 기도로 어떤 것도 구하지 않았다. 이제는 너희가 내 이름으로 구할 때 받을 것이다"(요 16:24, 저자의 번역).

주님, 저는 많은 것이 필요합니다. 저를 가르쳐서 저의 매일 양식을 적절하게 구할 수 있게 하소서.

예배드릴 때 하나님이 축복을 주시도록 기도하는 것이 여덟 번째 기도의 방법입니다. 여호수아가 군대와 함께 전쟁할 동안(출 17:8-16), 모세는 전쟁의 승리를 위해 기도했습니다. 모세가 기도 중에 팔이 아파 계속 들고 있을 수 없었을 때 아론과 훌이 그를 도왔습니다. 다윗은 "여호와여 내가 소리로 부르짖을 때에 들으시고 또한 나를 긍휼히 여기사 응답하소서"(시 27:7)라고 기도했습니다. 시편 기자는 "내가 산 자의 땅에 있음이여 여호와의 은혜 볼 것을 믿었도다"(시 27:13)라고 고백했습니다.

주님, 제가 예배드릴 때 주님의 손이 함께하는 것을 보기 원하나이다.

기도하는 방법

○ ○ ○

How To Pray

시편 1~2편

실제로 기도해 보기

기도는 세상에서 가장 보편적인 언어입니다. 이 지구상의 사람들은 동일한 방법으로 기도하지 않고 동일한 신에게 기도하지 않고, 동일한 이유로 기도하지 않으며, 똑같은 원칙을 기도 응답의 근거로 삼지도 않습니다. 그렇지만 사람들은 기도합니다. 그럼에도 불구하고, 실제로 기도에는 오직 한 가지 방법만이 있을 뿐입니다. 왜냐하면, 이 세상에 많은 거짓 신들 가운데 오직 하나님만이 유일하며 참된 분이시기 때문입니다.

만약 당신의 기도가 응답되기를 원한다면, 당신은 하나님의 방법으로 기도해야 합니다.

엘리야는 갈멜 산에서 "아브라함과 이삭과 이스라엘의 하나님 여호와여 주께서 이스라엘 중에서 하나님이 되심과 내가 주의 종이 됨과 내가 주의 말씀대로 이 모든 일을 행하는 것을 오늘날 알게 하옵소서"(왕상

18:36-37)라고 기도했습니다.
주님, 저는 주님이 유일하신 하나님이신 것을 믿으며 주님이 기도에 응답하시는 것을 믿습니다.

1. 신실한 믿음으로 기도하세요

당신은 엘리야만큼 신실하게 그의 고백처럼 기도해야 합니다. 당신은 신실하게 믿어야 합니다. 왜냐하면 "믿음이 없이는 기쁘시게 못하나니 하나님께 나아가는 자는 반드시 그가 계신 것과 또한 그가 자기를 찾는 자들에게 상주시는 이심을 믿어야 할지니라"(히 11:6) 때문입니다.

2. 열정적으로 기도하세요

21세기에 사는 당신이 고대 시편 기자의 말을 사용해서 기도할 때 반드시 필요한 것은 동감하는 기도입니다. 당신은 그들의 열정을 느낄 수 있어야 합니다. 당신은 그들이 하나님께 나아가는 방식처럼 하나님께 나아가야 합니다. 만약 당신이 온 맘을 다해 기도한다면 그들의 간구처럼 하나님께 상달될 수 있습니다.
주님, 제가 주님을 믿습니다. 저의 믿음 없는 것을 도우소서(막 9:24).

3. 한 번에 하나씩 기도하세요.

이런 시편들을 얼마나 빨리 통독할 수 있는지 과시하기 위해 노력하지 마세요. 한 번에 한 편씩 기도하세요. 그 다음에 당신이 기도한 것에 대해서 생각해 보세요. 셀라! 그런 후에 또 다른 시편으로 기도하세요.

4. 성경과 비교하면서 읽으세요

이 책으로 기도하기 전이나 후에 성경에서 그 부분을 찾아 읽으세요. 시편으로 기도하기는 성경번역판이 아니므로 한 자 한 자씩 유사성을 찾지는 마세요. 똑같은 의미를 찾으세요. 현대어로 시편을 가지고 기도하는 이유는, 고대의 시편 기자처럼 당신이 기도할 수 있기 위함입니다.

성경을 읽을 때, 처음에는 단어에서 시작해 절의 의미를 해석합니다. 그런 다음, 당신은 말씀을 삶에 적용합니다. 마찬가지로 당신이 이 책을 읽을 때, 시편의 정확한 해석과 의미를 깨닫게 될 것입니다.

5. 당신의 기도 경험을 적어 내려가세요

저는 1951년에 기도제목을 쓰기 시작했고 아직도 그 기간 동안 기록한 기도제목 노트를 가지고 있습니다. 왜냐고요? 기도제목 노트들을 통해서 제가 어떻게 기도해야 하는지를 계속 배우기 때문입니다. 저는 하나님이 말씀하시지 않는 이유를 깨닫게 되었고, 기도에 대한 기적적인 응답을 자주 경험했습니다.

기도제목을 쓰고, 응답을 받았을 때 기록으로 남기세요. 또한, 기도 가운데 하나님께서 당신에게 가르치는 교훈들을 써내려 가세요.

6. 하루에 하나의 시편으로 기도하세요

당신의 목표는 속도가 아니라 깊이입니다. 매일 한 개의 시편으로 기도하고, 하나님이 당신에게 가르치시는 것을 배울 때까지는 다음 단계로 넘어가지 마세요. 그러나 몇몇 기도는 깁니다. 몇몇의 긴 시편에서 모든 것을 배우는 데는 2~3일이 걸릴 수도 있습니다.

　제가 이 책을 쓰고 있을 때, 저는 하루에 한 개의 시편을 쓰는 것을 목표로 삼았습니다. 저는 기도제목 쓰기와 기도 그리고 제가 해야 하는 모든 것을 계획대로 하지 못했습니다. 제가 시편 연구와 쓰는 것을 매일 매일의 일과로 삼았음에도 불구하고 몇몇의 시편들은 쓰는 데 일주일이 걸렸습니다. 분명히, 성경에서 가장 긴 시편 119편은 더 오랜 시간이 걸렸습니다.

7. 마음 문을 여세요

　하나님께 나아 올 때, 그분이 당신에게 무엇을 해주셔야 하는지 혹은 당신의 기도에 어떻게 응답하셔야 하는지를 그분께 말하려 하지 마세요. 당신이 시편으로 기도하기를 시작할 때, 주님이 당신에게 말씀하시게 하고 당신을 인도하게 내어드리세요. 당신은 단순히 기도를 읽고 있는 것이 아니라 하나님께 말하고 있다는 것을 기억하세요.

　　　　매일 시편으로 기도할 때 하나님의 축복이 당신에게 있기를 바랍니다.
　　　　　　　　　　　　　　　　　　　　　　　　엘머 타운스

하나님의 축복을 위한 감사의 기도

오, 여호와여, 저는 정말 복 받은 사람입니다
저는 불경건한 충고를 따라 걷지 않으며
죄인들과 함께 가깝게 지내거나
거만한 자들과 함께 앉지도 않습니다
주여, 저는 주의 말씀으로 사는 것을 기뻐하며
주님 말씀을 묵상하는 것을 사모합니다

여호와여, 제가 ¹⁾생수(living waters)에 심겨진
건강한 나무처럼 되게 하시며
시절을 좇아 영적인 열매를 맺게 하시고
그 잎사귀도 결코 마르지 않게 하소서

경건치 않은 사람은 그렇지 않음이여
그들은 바람에 날려갈 겨와 같을 것이며
주님의 심판으로 처벌받을 것이며
주님의 백성의 회중에 들어오지 못할 것입니다
여호와여, 당신은 옳은 일을 행하는 사람들의 길은 보호하시지만

---

1) living waters라는 표현을 개역한글성경에서는 생수로 표현하고 있다.

경건치 않은 사람의 길은 파멸에 이르게 하십니다

† 아멘

※ 두 부류의 사람을 묘사하는 시편

하나님과 그분의 아들에게 거역하는 사람들에 대한 기도

여호와여, 어찌하여 ²⁾구원받지 못한 자들(the unsaved)이 분노하며
주의 계획을 대적하여 싸우는지
왜 통치자들이 주의 뜻을 대적하는 모든 일을 하며
그리스도의 길을 방해하는지 이해할 수 없습니다
저들은 주의 맨 것을 던져 버리고자 애를 쓰며
"우리가 이 결박을 벗어 버리자"고 말합니다

주여, 주께서 하늘 보좌에서 비웃으시며
거역하는 자들을 비웃으시니
저들의 반항 때문에 진노하십니다
주여, 심판하셔서 그들을 두려움에 떨게 하소서
주께서 "내가 나의 왕을 통치자로 세웠다
그가 거룩한 산 시온에서 다스릴 것이다"라고 선포하십니다

---

2) unsaved는 직역하면 구원받지 못한 자로 믿지 않는 자, 불신자로 번역할 수 있으며 이하 불신자로 통일하고자 한다.

그 왕은 여호와의 독생자이시며

그분은 이 땅 위에 여호와의 뜻을 이루실 것입니다

여호와께서 아들에게 모든 사람과 종족들을 주셨으니

땅 끝의 모든 것이 그분의 소유입니다

여호와의 아들은 쇠막대기로 거역자를 벌하실 것이며

멸하실 것입니다

이 땅의 왕들이여 왜 그분께 합당한 반응을 돌리지 않는가?

인간 재판관들이여 그대들이 무엇을 해야 하는지 왜 모르는가?

아들 앞에서 두려워 떨라 그분이 주님이시다

두려움으로 그를 섬기라

아들을 사랑하라 그렇지 않으면 그분의 분노가 있을 것이다

주의 길을 막아서는 모든 반역을 파멸하실 때

아들을 신뢰하는 모든 사람들은 복이 있습니다

† 아멘

※ **거절당한 왕의 시편**

> 시편 3~30편

♤ 잠시 중단하고 묵상하는 기도

셀라

Selah(셀라)라는 단어는 두 가지 근원으로부터 왔습니다. 즉, Selah는 '찬양하기'를 의미하며 Salai는 '높이기'를 의미합니다. 따라서 이 단어가 '찬양 중에 하나님을 높이기'를 의미한다는 것을 쉽게 알 수 있습니다.

주님, 저는 저의 기도 중에 주를 높일 것입니다.

그러나, 어떤 사람들은 Selah라는 단어가 음악적인 음률이라고 생각합니다. 그렇지만, 자세히 살펴보면 그것은 시편의 주제를 다루지, 음악적인 표현을 다루지 않습니다. 그것은 진리를 다루지, 곡조를 다루지는 않습니다.

가끔 Selah라는 단어는 절의 시작에서 나타나며, 어떤 때는 끝에 나오기도 하고, 가끔은 절의 중간에 나오기도 합니다. 이것은 무엇을 의미합니까? 우리는 그것이 절을 끝나게 하거나 절을 시작하게 하는 것이 아님을 알 수 있습니다. 오히려, 그것은 두 개의 생각이나 구절을 함께 연결시킵니다. 따라서 Selah는 생각의 연결고리입니다. 시편에서 Selah 라는 단어를 만나면 이 단어가 하나님을 찬양하는 것으로 앞에서 언급 되었던 것을 기억하시면 됩니다. 그러므로 이 단어가 나오면 앞의 생각과 그 다음에 오는 생각들을 연결하세요.

주님, 주님은 과거에 저의 기도를 응답하셨기 때문에, 셀라, 저는 다시 기도할 것입니다.

어떤 사람은 그 단어가 '잠시 멈춤'을 의미한다고 생각합니다. 그것은 가능성은 있지만 실제로 악기의 중단을 의미하는 것은 아닙니다. 오히려 그 말은 노래하는 자가 불렀던 노래를 생각하기 위한 중단입니다. 이 말을 사용해서 노래하는 자가 노래를 이해할 수 있고 다음 노래와 연결시킬 수 있습니다.

어떤 이는 Selah가 '높이는 것(to lift up)'을 뜻한다고 말하며, 따라서 더 큰 소리로 노래 불러야 한다고 주장합니다. 오늘날 음악에서 우리는 크레센도라는 표현을 사용합니다. 그러나 그것은 더 큰 소리로 부르라는 것을 뜻하는 것이 아닙니다. 하나님이 우리의 삶을 이끄는 진리를 주시기 때문에 우리는 마음으로 하나님을 향한 예배와 찬양을 드려서 그분을 높이는 것을 의미합니다.

Selah라는 단어는 구약에서 74번 나옵니다. 71번은 시편에서 발견됩니다. 시편 3편 2절에서 처음 나타납니다. 또한 하박국서의 기도(합 3장)에서 3번 발견됩니다. 몇몇 초기 기독교 작가들(예를 들어, 제롬 경)은 Selah라는 단어는 '영원하다'라고 번역되어야 한다고 주장했습니다. 그러나

이것에 대한 어떤 지지도 발견할 수 없습니다. 어떤 기독교인은 기독교인이 말하거나 찬송가에서 부르는 '아멘'과 비교하기도 했습니다.

당신이 Selah를 시편에서 볼 때, 잠시 멈추고 묵상하세요. 그것은 "멈추고 당신이 방금 기도한 것에 대해서 생각하세요"라고 말하는 또 다른 표현입니다. 따라서 당신도 **저의 기도에 응답하소서, 주여**라고 기도할 수 있게 됩니다.

하나님께서 대적들을 파멸하시도록 구하는 기도

여호와여, 저를 파괴하려는
대적이 많습니다
저들이 말하기를 하나님은 돕지 않으실 것이니
하나님을 바라보지 말라고 말합니다, 셀라!

그러나 주여, 주님은 저를 보호하시는 방패이오니
저에게 용기를 주셔서 담대하게 해주십니다
주께 부르짖으니
거룩한 산에서 응답해 주셨습니다, 셀라!

주께서 밤에도 보호해 주시니
눕고 잠도 잘 수 있었으며
지금도 주께서 사방으로 보호해 주시니
수만 명의 적도 두렵지 않습니다

대적의 머리를 부수시며
비난하는 사람들의 입을 막아 버리소서
오, 주여, 구원은 주께로부터 오는 것이니
승리로 주의 백성을 축복하소서, 셀라!

†아멘

※ 다윗의 시, 아들 압살롬으로부터 도망했을 때

적들에 대한 생각에 잠을 자지 못할 때 기도

여호와여, 저의 기도에 응답해 주옵소서
주는 저의 신실함을 아십니다
주께서 저의 기도에 응답하지 않으시니
걱정이 넘치고 고민합니다
사람들은 많은 일들로 고소하고 있으며
평판을 무너뜨리고자 하니
언제까지 저를 공격하게 두시겠습니까? 셀라!

주님, 저는 한 가지는 확신합니다
주께서 당신을 위해 경건한 자를 구별하셨으니
제가 부를 때 응답하실 것입니다
저는 분노의 죄에 굴복되지 않을 것이며
오히려, 잠자리에 들 때도 주님만을 생각할 것입니다
당신은 저의 주님이시니
저의 죄를 고백하고 용서를 얻겠습니다

사람들이 말하기를 더 좋은 시간을 보낼 수 있는 방법이 있다고 하지만

주님의 임재의 기쁨은

음식과 돈이 준 만족함보다 더 큽니다

주여, 저는 당신 안에 있으며 안전하므로

평안함 가운데 누울 것이며 잠도 잘 수 있습니다

† 아멘

※ 다윗의 시편

하나님을 의지하는 기도와 적의 멸망을 위한 간구

오, 여호와여, 저의 기도에 귀를 기울여 주시며

저의 생각들도 알아주소서

오, 저의 왕 저의 하나님이여

주님께 아뢰는 기도를 들으소서

아침에 주께서 저의 음성을 들으실 것이니

제가 아침에 주를 바라고 기도합니다

주께서 악한 것을 기뻐하지 않으셔서

당신에게 어떤 악도 발견할 수 없다는 것을 알고 있습니다

주께서 어리석은 자의 죄악을 미워하시니

그들은 당신의 임재 가운데 들어갈 수 없습니다

주께서 살인자와 거짓말쟁이를 거절하시며
모독하는 사람은 파멸시키시지만
저는 자비하심으로 받아 주시니
주님의 임재로 들어갈 수 있습니다

저는 주의 심판을 두려워하오니
거룩한 성전에서 주님을 예배합니다
주여, 제가 항상 의로운 일을 하도록 도우소서
대적을 만날 때에 특히
주 앞에서 흠 없게 하소서

주여, 결코 대적은 주님의 신실함을 말하지 않으며
마음으로는 악함을 원하고
목구멍은 무덤이라는 것을 압니다
그래서 저는 그들의 말을 신뢰할 수 없습니다

오, 여호와여, 그들이 계획하는
저주로 그들을 파멸시키소서
저들이 주님의 법을 계속 어기고
계속 주를 거역하기 때문입니다

주여, 주께 저의 소망을 두었으며
대적을 주께서 파멸하시니

저는 계속 기뻐서 외칩니다

주를 사랑하는 모든 사람들이
주를 계속 기뻐하게 하소서
오, 주여, 주께서 의인을 축복하실 것과
그들을 계속 보호하실 것을 압니다

†아멘

※ 다윗의 시편

하나님께서 귀 기울이시고 응답하시도록 구하는 기도

여호와여, 제가 불순종한다고 분노하셔서 저를 괴롭게 하지 마시며
주님을 기쁘게 하지 않는다고 저를 벌하지 마소서
오, 주여, 오히려 연약함을 긍휼히 여기시며
짓눌려 있사오니 저를 고치소서

주여, 저의 불순종 때문에 스스로 실망이 되오니
얼마나 더 저의 연약함을 참아야 합니까?
주님, 오셔서 깨어지기 쉬운 인간인 저를 구원해 주소서
주께서는 자비로우시니 저를 구원해 주소서

죽는데 땅에서 어떻게 주를 섬길 수 있습니까?
무덤에서 어떻게 주님을 섬길 수 있습니까?
저는 아프고 스스로의 불순종에 대해 상심해 지쳐 있습니다
죄 때문에 울면서 잠이 들며
곤경에 처해 온 밤을 지새워 울어서
눈은 더 이상 울 수 없을 만큼 충혈되었사오니
비통함이 노인되게 합니다

죄로 고소하는 모든 자들이 저를 내버려 두기를 원합니다
주님, 주께서 저의 회개를 들으셨습니다
저의 기도를 들으셨고
간구에 응답하실 것입니다
주여, 저를 고소하는 대적들이 수치를 당케 하시며
불평하는 그들을 속히 벌하소서

† 아멘

※ 다윗의 시편

악한 자를 처벌하시도록 구하는 기도

오, 여호와여, 생명을 다해 주님을 신뢰하오니
핍박하는 자들로부터 구원해 주소서

그들이 아무도 저를 구원하지 않는다고 여겨서
사자처럼 저를 찢어버리고자 합니다

오, 주여, 제가 받을 만하다면
즉 제 손이 죄를 지었거나
저와 함께 화평 가운데 있는 자를 공격하거나 했다면
(실제로는, 저는 대적에게 선한 일을 했습니다)
대적이 저를 핍박하게 하소서

오, 주여, 제가 악한 일을 했다면
저의 대적들이 발 아래 저를 짓밟게 하시며
저의 명예를 쓰레기에 던져 넣게 하소서, 셀라!
대적하는 대적자들 때문에
오 주여, 주님의 의로운 분노로 깨어 나소서
깨어 나서 심판을 행하소서

오, 주여, 주님의 백성들이 주께로 모이게 하시며
주님의 임재를 즐거워하도록 돌아오소서

오, 주여, 주님이 모든 사람을 심판할 것을 아오니
먼저 저를 판단하사 제가 의롭게 행하려고 하는 것을 알아주소서
저를 감찰하사 성실함을 보소서

오, 주여, 악한 자가 악한 일을 못하게 하시고

의인이 의롭게 행하게 하소서

주님은 모든 이의 마음을 아시니 이것을 행하소서

주님은 악한 자에게 분노하시며

의인과 함께 즐거워하시는 분이십니다

악인이 회개하지 않으면

주님은 그들에게 전쟁의 칼을 임하게 하실 것이며

핍박의 화살로 공격하실 것이며

죽음으로 이르게 하실 것입니다

저의 대적은 죄악의 친구이며

다른 사람을 해하려고 끊임없이 생각합니다

그는 항상 덫을 파고 있지만

자신이 만든 파멸에 빠집니다

사람들을 공격하는 것은 스스로 상하게 하며

그의 상처는 자해한 것입니다

그러나 오, 주여, 저는 주님을 찬양할 것이며

주님은 모든 사람을 의롭게 다스리시니

오 주여, 지극히 높으신 주님의 이름을 찬양합니다

† 아멘

※ 다윗의 찬송시편, 베냐민 사람 구시의 말에 관해 주님께 노래한 시편

창조에서 주님의 지위에 대한 감사의 기도

오, 여호와여, 주님의 이름은 온 땅에서 가장 뛰어나시며
주님은 하늘을 창조하심으로 자신을 영화롭게 하셨습니다
아기라도 주를 찬양하지만
대적의 찬양은 받지 않으실 것입니다

하늘을 볼 때 주님의 손가락으로 지으신 것을 봅니다
주님은 달과 별들을 계획하셨으니
저는 인류가 미약한 존재라는 것을 깨달았습니다
그러나 주께서는 인간에 지나지 않는 우리에게 자신을 계시해 주십니다

주님은 천사보다 낮게 만드셨고
영화와 명예로 관 씌워 주셨습니다
주님의 피조물을 통치하도록 하셨고
우리의 지배 아래 두셨습니다

주님은 양, 황소와 다른 동물들, 즉
새, 물고기와 바다생물들을 주셨습니다
오, 주여, 주님은 우리의 주님이시니
주님의 이름이 온 땅 위에 얼마나 놀라우신지요

† 아멘

※ 다윗의 시편

악인에게서 구원해 주시며 벌해 달라고 구하는 기도

여호와여, 온 맘으로 주님을 찬양하며
주님의 경이로우심을 모든 사람에게 말하고
지극히 높으신 이름을 찬양하니
주님을 기뻐할 때 행복합니다

대적이 공격해 올 때
주님이 함께 하시니 그들은 실패할 것이며
바른 기준으로 살기 때문에 주님은 저를 지키십니다
주님은 올바른 일을 항상 지지하시며
악하게 행동하는 불신자를 꾸짖으십니다
아무도 그들을 기억하지 못하게 하시며
주님, 저의 대적을 파멸하시며
그들의 도시와 그들의 기억을 파멸하소서

주여, 주님은 영원하시며
주께서 모든 사람을 판단하는 보좌에 앉으시니

모든 이를 바른 길로 심판하십니다

주님은 바른 기준으로 모든 이를 심판하십니다

오, 주여, 억눌린 사람들은 주님 안에 숨기 원하며

고통의 시간에 그들의 피난처가 되어주시기를 원합니다

주께서는 주님을 제일 소중하게 여기는 사람들을 버리지 않으셨음은

그들이 주님을 신뢰하기 때문입니다

저는 시온에서 주님을 찬양하며

주님이 하신 일을 모든 사람에게 말할 것입니다

주는 살인자를 처벌하는 것을 잊지 마시고

겸손한 자의 탄원을 잊지 마소서

주여, 대적이 공격할 때에 저에게 자비를 베푸셔서

그들로 저를 죽이지 못하게 하소서

성전에 계시는 주여, 주변 사람들이

제가 주님을 찬양하는 것을 듣게 하소서

저는 주님의 구원을 기뻐합니다

불신자는 대적을 위해 파놓은 악한 덫에 빠지게 하시며

다른 사람들을 위해 마련한 감옥에 자신들이 갇히게 하소서

주여, 주께서는 올바르게 심판하시니

악한 자들은 사람들에게 계획한 벌을 자신이 받습니다, 셀라!

주님은 악인이 분노의 처벌을 받게 하시며

주님을 부인하는 사람을 지옥에 넣어버리십니다

주님은 도움이 필요한 사람을 간과하지 않으실 것이며
가난한 사람을 돌보실 것입니다
오, 주여, 내려오사 악한 자들이 자기 마음대로 하지 못하게 하시며
주님 앞에서 그들이 심판받게 하시고
이방인이 주님과 주님의 심판을 두려워하게 하사
다른 사람처럼 주님 앞에 심판받게 하소서, 셀라!

† 아멘

※ 다윗의 시편

악한 자의 처벌을 구하는 기도

여호와여, 어찌하여 주께서는 저에게 멀리 있으시며
가장 필요할 때 주는 숨으시는 것처럼 보이며
악한 자가 자신을 방어할 수 없는 사람들을 고의적으로 해치게 두십니까?
사람들에 대해 자신들이 계획한 고통을 겪게 하소서
이 악한 자들은 악한 계획을 자랑하며
다른 악한 사람을 변호하지만
오, 주여, 주님은 미워하십니다
악한 자는 너무 거만해서 주님을 찾지 않고

주의 뜻에 순종해야 한다는 것을 결단코 깨닫지 못합니다

그들이 하는 모든 악한 일에서 성공하므로
희생자들을 비웃습니다
그들은 주께서 언젠가 처벌하실 것을 모르고 있으니
악한 자는 "나는 상하지 않을 것이며,
나는 내가 원하는 어떤 것이든 할 수 있다"고 자랑하고 있습니다

주여, 악한 자의 입은 저주와 거짓말로 충만하오며
악한 계획이 혀에 있습니다
그들은 방어 능력이 없는 희생자에게 달려들기를 기다리며
사자처럼 어두운 그림자를 드리우며 쭈그리고 있습니다
음식을 찾아 헤매는 굶주린 사자처럼
근처의 힘 없는 먹잇감을 찾고 있습니다
악한 자가 먹잇감을 질질 끌고 다니는 것은
약한 자들은 자기 자신을 보호할 수 없기 때문입니다

악한 자는 "하나님이 지켜보지 않으신다,
그는 내가 하는 것을 모르시며 그는 돌보시지도 않는다"고 말하니
주님, 내려오사 악한 자를 처벌하시며
스스로를 보호할 수 없는 사람들을 잊어버리지 마소서
악한 자들은 그들의 반역이 성공할 것이라고 생각하며
주님이 결코 그들을 처벌하지 않을 것이라고 생각합니다

주님은 악한 자가 행한 모든 것을 보셨으며

자신을 보호할 수 없는 사람들을 잊지 않으실 것입니다

주님은 모든 생각과 모든 악인의 행위를 기억하시며

자신들을 돌볼 수 없는 사람들을 돌보십니다

악한 자의 팔을 부러뜨리시며

그들의 누구도 도망치지 못하게 하소서

주여, 주님은 영원히 우리의 왕이시오니

거짓된 신을 예배하는 사람들을 없애 주소서

주여, 스스로 방어할 수 없는 사람들의 소망을 아시니

구원을 간구하는 그들의 기도를 들어 주소서

공의가 세상의 무력한 자에게 임하게 하셔서

평안 중에 살게해 주옵소서

† 아멘

진리를 공격하는 사람들에 대해 하나님의 심판을 구하는 기도

여호와여, 고통이 다가올 때 주님을 신뢰하지만

사람들은 저에게 산으로 피해 숨으라고 하며

새처럼 도망가라고 말합니다

대적은 저를 공격할 준비가 되어 있고

저를 죽일 활과 화살을 가지고 있으며

정의롭게 사는 사람이면 누구든 공격합니다

여호와여, 만약 주님의 진실함이라는 기초가 파괴된다면

우리가 주님의 말씀으로 사는 사람에게 무엇을 할 수 있습니까?

주여, 당신은 거룩한 성전에 계시는 분이며

주께서는 하늘의 왕좌에서 모든 것을 보고 계시며

보시는 것으로 모든 사람을 판결하시는 분입니다

주여, 당신은 정의롭게 사는 사람들과

주님의 말씀을 미워하는 사람들 양쪽을 시험하십니다

주여, 당신을 대적하는 사람들을

불과 지옥의 유황불로 처벌하소서

그들이 행위에 합당하게 벌받게 하소서

주님은 정의로운 하나님이시므로

정의로운 사람들을 사랑하시며

당신의 임재를 그들에게 베풀어 주십니다

† 아멘

※ **다윗의 시편**

시편 12편
대적의 흑색선전에 대한 기도

여호와여, 경건한 자가 되게 도우소서

신실한 사람 중에 남은 사람이 거의 없으며

주님을 따를 것으로 기대하는 사람들조차 변하고 있습니다

그들은 친구들과 육신적인 것을 말하는 자이며

주님과 진리에 대해서는 거짓을 말하며

다른 사람에게 주님을 따르지 않는 것이 옳다고 말합니다

주여, 어느 날 당신께서는 그들의 입을 닫을 것이고

그들은 더 이상 주님에 대한 거짓을 말할 수 없게 될 것이며

자신들의 죄를 정당화할 수 없게 될 것입니다

그들은 그들이 바라는 것에 대해 말할 수 없게 될 것이며

자신들을 통치하는 주님을 부인할 수 없게 될 것입니다

주여, 대적들의 말에 저항하는 약한 자들을 강하게 하셔야 함은

당신을 따르는 자들이 넘어지고 있으며

영적인 호흡이 끊어질 것 같습니다

주여, 주의 말씀이 대적들의 말보다 훨씬 더 위대하다는 것을 압니다

저는 주님의 약속을 반복적으로 검증해서 그 약속은 결코 실패하지 않는 것을 압니다

주여, 저는 주의 말씀을 신뢰하는 사람들을 지키시리라는 것을 알고 있으며 심지어 그들 주위의 모든 사람이 대적한다 할지라도

주님은 대적의 거짓말로부터 그들을 보존하실 것입니다

† 아멘

※ 다윗의 시편

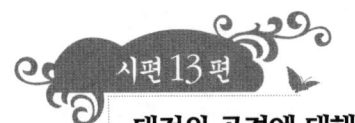
대적의 공격에 대해 인내를 구하는 기도

여호와여, 당신이 저를 잊은 것 같으며

당신이 필요할 때 주의 얼굴을 얼마나 더 오래 감추실 것입니까?

주여, 제 속에서 주님을 계속 찾고 있는데

대적이 저를 이기고 있으니

제가 보는 모든 것은 그림자이고 비통뿐입니다

오, 주여, 주님의 도움이 필요하오니

저의 소리를 들으소서

무엇을 해야 할지 보여 주소서

그렇지 않으면 저는 죽을 것입니다

대적이 저를 이겼다고 생각해서

미소 짓게 되기를 원치 않습니다

주여, 저를 구원하시는 주님의 자비하심을 신뢰하오며
저를 구원하실 것을 알고 있으므로
찬송하며 주님을 경배할 것은
당신이 저를 풍성하게 축복하실 것이기 때문입니다

† 아멘

※ 다윗의 시편

하나님을 부인하는 사람들에 대한 기도

여호와여, 어리석은 자가 주께서 계시지 않는다고 말하는 것은
자신들의 타락한 삶의 방식을 정당화하기 위해 부인하는 것이며
선한 일을 하기 원하지 않으므로 주님을 부인하는 것입니다

주님께서 요구하시는 것을 이해하고 있는 사람이 있는지
주님을 알기 위해 추구하는 사람이 있는지
주님, 하늘로부터 모든 이의 마음을 내려다보소서

부인하는 자들은 주님에게서 돌아서며
더러운 일을 행하며

선한 일을 원하지 않습니다
어찌하여 이 부인하는 자들은 그들이 무엇을 하는지 이해하지 못하는 것입니까?
그들은 빵처럼 선한 사람을 삼켜 버리며
주님을 결코 부르지 않습니다

정의롭게 행하는 사람들은 주님을 부인하는 것을 두려워하며
악인의 소리에 귀 기울이지 않습니다
오, 주여, 그들은 주님을 신뢰합니다

오셔서 주의 백성을 구원하시며
주께서 우리를 집으로 데려가기 위해 데리고 나오실 때
야곱은 주의 승리를 기뻐할 것이며
이스라엘은 기뻐할 것입니다

† 아멘

※ 다윗의 시편

누가 하나님의 자녀인지 질문하는 기도

여호와여, 주의 거룩한 산의 성전에서 주과 함께 거할 수 있는 사람은 누구입니까?

주님의 말씀을 따르는 사람들

정의로운 일을 행하는 사람들

다른 사람에 대해 거짓말하지 않는 사람들

자신의 친구를 대적해 악을 행치 않는 사람들

하나님의 대적을 아는 사람들

복수하지 않는 사람들

대출이자를 폭리로 구하지 않는 사람들

뇌물을 요구하지 않는 사람들이 아닙니까?

주님의 이름을 두려워하는 사람들을 영화롭게 하시면

그들이 주님을 위해 흠 없이 살 것입니다

†아멘

※ 다윗의 시편

죽음이 가까웠을 때 부활을 구하는 기도

여호와여, 저를 안전하게 지켜 주시는 것은

주님을 신뢰하기 때문입니다

저의 영혼은 주가 저의 주님이라고 말하니

주님 외에는 소망을 둘 곳이 없습니다

땅의 신들을 예배하는 사람들은 결코 평안을 찾지 못할 것이지만

저는 우상을 예배하지도 않으며 입술로 고백하지도 않을 것입니다

주여, 주님은 저의 미래의 유산이시며

죽음에서 저를 보호할 저의 만족이 되시며

선한 삶을 주셨습니다

저는 경건한 부모의 좋은 유산을 따를 것이며

주여, 일생동안 저를 인도하시므로 주를 송축합니다

어두운 시기에 제게 할 일을 보여 주셨으며

저는 항상 주님을 저의 인도자로 삼았습니다

죽음이 올지라도 흔들리지 않을 것은

주님이 저의 오른편에 계셨기 때문입니다

죽음에 처하더라도 만족하며

부활의 위대한 소망 중에 죽을 것입니다

저의 영혼을 죽음에 버려 두시지 않을 것이고

메시야를 무덤에 버려 두시지 않을 것이며

우리를 다시 살게 하실 것입니다

우리는 주의 임재 안에서 기쁨이 충만할 것이며

영원히 기뻐할 것입니다

†아멘

※ 다윗에 의해 돌에 새겨진 시편

대적들이 공격하고 있을 때 승리를 구하는 기도

오, 여호와여, 정의를 행하는 사람들의 기도를 들으시며
간구에 응답하소서
저는 신실하기 때문입니다
의로운 사람들을 시험하실 때
제가 흠이 없다는 것을 아실 것입니다
주께서는 저의 생각에 귀 기울이셨으며
오셔서 제가 밤에 죄를 짓는지 보셨습니다
저를 시험하셨고 불순종을 발견하지 못하신 것은
제가 입술로 죄를 범하지 않으려고 결심했기 때문입니다

저는 주님을 미워하는 사람들의 악한 의도를 알고 있으므로
그들로부터 멀리 떨어져 있습니다
저를 바른 길로 인도하시면
저의 발이 미끄러지지 않을 것입니다
주가 들으시므로 주님께 부르짖었으니
저의 간구에 응답하소서
주님의 놀라운 사랑을 저에게 보여 주소서
저를 공격하는 대적에게서
주님의 강한 손으로 저를 구원하소서

눈동자처럼 지켜주시며

주님의 날개 그림자 아래 숨겨 주소서

악인이 저를 치려고 준비하고 있고

그들은 이미 저를 둘러쌌고

크며 힘 있고

저를 제거하는 것이 그들의 자랑입니다

먹이에게 달려들 준비가 된 사자처럼

그들은 저를 삼키려고 합니다

오, 주여, 저를 보호하시고 오셔서

저의 구원이 되소서

주님은 악한 자를 망하게 하실 수 있습니다

저들은 이 세상을 위해 살아가며

다른 사람들을 결코 생각하지도 않고

먹기 위해서만 살아가고

오직 자기 자신만을 생각합니다

주여, 제가 주님의 얼굴을 볼 때 행복하며

주님의 형상으로 변화될 것입니다

† 아멘

※ **다윗의 시편**

위험에서 구원하심에 대한 감사의 기도

여호와여, 저를 강하게 하시므로 주를 사랑합니다

저의 바위, 저의 요새, 저의 하나님

주여, 저를 구원하시니 높은 망대시여

의지합니다

당신은 찬양받으시기에 합당한 분이므로 제가 주께 부탁할 것이며

대적으로부터 보호하십니다

죽음의 위협이 두렵게 하며

경건치 않은 사람의 공격으로 공포에 떱니다

주여, 두려울 때 의지합니다

성전 안에 계시지만

저의 소리를 들으시며 저의 기도에 귀 기울이실 것입니다

그때 주님은 땅을 진동시키시며

분노하시므로 산이 요동합니다

심판의 불이 주님의 입에서부터 나와서

주위의 산에 불을 놓으십니다

주는 하늘에서 걸어 내려오셔서

발로 어두움도 뭉개버리셨습니다

바람으로 우리에게 날아오시며

구름타고 오셔서 우리를 둘러싸셨습니다
주께서 자신의 영광을 어두움 뒤로 접어 숨기시며
어두움의 물과 빽빽한 구름으로 오셨습니다
주는 밝고 빛나시며 영화로우신 불이시며
우박, 번개, 천둥으로 우리에게 오셨습니다
죽음의 화살처럼, 주의 번개는 그들을 때리셨고
그들을 두렵게 하시며 죽이셨고 보응하셨습니다
주께서는 분노로 그들을 심판하시려고
쓸어버릴 홍수들을 보내셨습니다

저를 구원하려고 위에서부터 주님이 오셨으며
혼돈에서 구원하셨습니다
너무 강하며
제가 믿는 모든 것을 미워하는
힘 있는 대적에게서 저를 구원하셨습니다
대적은 두려움으로 저를 거의 압도했지만
주여, 주님은 저를 구원하셨습니다
저를 안전한 장소로 높이 드셨으며
제 안에 주님의 기쁨을 누셨습니다
주여, 오셔서 보상하셨음은
제가 주님의 말씀으로 살아 왔으며
죄로부터 제 자신을 지켜냈기 때문입니다
주님의 자비하심을 받아들인 우리에게는 자비하심을 보이시며

주님의 의로우심을 의지하는 우리에게 의롭게 심판하셨습니다

주님의 순결을 찾아왔던 사람들에게 순결한 주님 자신을 보여 주시며
주께 분노하던 자들에게는 분노하셨습니다
주님은 자신의 죄에 대해 용서를 구하는 자들을 구원하셨으며
자신을 낮추기를 싫어하는 사람들을 벌하셨습니다

주여, 제가 볼 수 있도록 저의 촛불을 밝히시며
어두움을 제거하소서
주여, 저는 주님을 의지해 군대를 격퇴할 수 있으며
주님의 도움으로 벽을 뛰어넘을 수 있습니다
주여, 인생을 위한 주님의 말씀은 정확하셔서
많은 사람들이 주님의 말씀을 실험해 보았지만
주님은 순종하는 모든 사람들을 도우십니다
누가 하나님이십니까, 주님 당신이십니다
누가 우리의 견고함이십니까, 바로 주님 당신이십니다
주님은 사슴처럼 저의 발을 견고하게 하시며
높은 곳에 오르게 만들어 주시고
제 손으로 싸우는 방법을 가르쳐 주십니다
제가 대적의 무기들을 파괴할 수 있습니다
주님은 주님의 구원의 방패로 저를 보호하시며
저를 도와 대적을 대적해 서게 하십니다
주님의 온유함이 저를 강하게 하시며

저의 걸음을 흔들리지 않게 하셔서

제가 미끄러지지 않았고 떨어지지 않았습니다

저는 대적을 추적해서 그를 붙잡았고

승리할 때까지 계속 싸웠습니다

대적에게 상처를 입혀서

그가 대항할 수 없도록 만들었고

그를 발로 밟았습니다

주님은 힘을 주셔서 전쟁에서 싸우게 하셨고

주님을 미워하는 저의 대적을 이기게 하셨으며

제가 그들을 파멸하도록 하셨습니다

대적이 고통스럽게 부르짖지만

그들의 목소리는 하늘에 계신 주님께 이를지라도

지옥에서는 너무 늦었습니다

저는 대적을 먼지가 될 정도까지 부수었으며

그들은 거리의 먼지처럼 되었습니다

주님은 저를 이방인의 지도자로 만드셨으며

사람들 위에 두셨습니다

알지 못하는 사람이 저를 섬길 것이며

그들이 제 말을 들을 때 명령을 순종할 것이고

저의 권위에 복종할 것입니다

이방인이 저를 두려워할 것이며

자신들의 집 앞에서 저를 피해 숨을 것입니다

주여, 생명과 힘을 주시는 주님을 찬양하며

구원을 주시는 주님을 높일 것은

대적에게서 저를 구원하시며

사람들을 다스릴 권세를 저에게 주셨습니다

그러므로 이방인 가운데서 주님께 감사를 드리며

주님의 이름을 찬양합니다

주여, 당신의 왕을 구원하셨고

다윗에게 자비하셨으며

그의 자손을 영원히 보호하실 것입니다

† 아멘

※ 주님이 모든 대적의 손과 사울의 손에서 구원한 날에 찬양을 드린 주님의 종 다윗의 시편

의심하는 자에게 답변해 줄 수 있는 지혜를 구하는 기도

여호와여, 하늘은 주님의 영광을 선포하며

별들도 주님의 솜씨를 드러냅니다

새 날이 당신이 창조주이심을 말하며

매일 밤은 당신의 전능한 능력을 나타냅니다

이 땅에 어떤 사람도 주님이 만물의 시작이 되셨다는 것을 의심할 수 없는 것은

우주가 스스로 모든 논쟁에 대답합니다
우주를 창조하는 주님의 손은 어디서나 볼 수 있으며
주님의 장엄한 계획은 사소한 일까지 닿아 있습니다
주님은 태양을 위한 장막으로 밤을 만드셨고
일출은 그 장막에서 나오는 신랑과 같습니다
새로운 날은 마라톤 경주를 시작하는 경주자 같으며
태양은 지평선 이쪽에서 저쪽까지 달리고
닿는 모든 것에 생명을 주고 있습니다

우주처럼 주님의 말씀은 완전해
영혼을 회개케 합니다
주님의 말씀은 결코 바뀌지 않으며
무지한 자라도 배울 때 현명하게 만들어 줍니다
주님을 두려워할 때 의심과 무지를 없애 주시며
주님의 진리를 적용하는 사람들을 영원히 살게 합니다
주님의 판결은 항상 정확하시며
순종하는 사람들을 의롭게 살게 합니다

주여, 당신의 진리는 부요함보다 더 귀하며
말씀을 순종하는 것은 달콤함보다 더욱 만족을 줍니다
주님의 진리는 위험으로부터 인도해 주시며
순종할 때 만족함의 보상을 줍니다
진리에서 벗어나는 것을 아무도 정확히 깨닫지 못하니

무지한 실수를 하지 않도록 지켜 주소서

고범죄를 짓지 않도록 하시며
제 허물이 저를 억압하지 않기를 원합니다
주님의 말씀이 저를 흠 없이 살게 하시고
삶을 파괴할 만한 결정을 하지 않게 하소서
저의 말과
저의 생각이
주님께 열납되게 하소서
저의 주 저의 구원자시여

† 아멘

※ 다윗의 시편

대적에게서 보호해 주실 것과 의로운 일을 할 때 변호해 달라는 기도

여호와여, 환난이 올 때 저의 기도를 들어 주시며
능력으로 저를 보호하소서
오셔서 주님의 성소에서 도우시며
힘을 주셔서 거절감을 인내할 수 있게 하소서

저의 마음을 주 앞에 쏟아 부었던 것을 기억하시며
순종의 영으로 주님께 나가는 것을 보소서
주의 마음이 갈망하시는 것을 주시고
제 인생에서 주님의 계획을 이뤄 주소서

주님이 저를 구원하실 때 저는 기뻐할 것이며
행하신 것과 제 인생에 주님이 이루신 것을
모든 사람에게 말할 것입니다

주님이 선택된 사람은 돌보심과
하늘에서 기도를 들으심을 이제 아오니
주님의 강한 손으로 구원하십니다

어떤 사람은 전차를 의지하고,
어떤 이는 말들을 의지하지만
저는 주 하나님, 주님의 이름을 신뢰합니다
저의 대적은 멸망하며, 사라지게 하셔서
신실함을 입증해 주실 것이며 주님 앞에 서게 하실 것입니다

구원하소서, 주여, 제가 부를 때 저의 소리를 들으소서
†아멘

※ 다윗의 시편

악한 자를 멸망시키는 지도자들을 위한 기도

여호와여, 지도자들이 주를 기뻐하며

승리 후에 "아멘"을 외치는 것이

제게 힘이 되오니

주여, 원하는 것을 지도자들에게 주시며

어떤 것도 아끼지 마소서, 셀라!

영적인 승리를 얻을 때 그들과 함께 기뻐해 주시며

상과 영광을 주십니다

지도자들이 생명을 보호해 주시도록 기도하자

그들의 간구에 응답하셨고

생명을 길게 하셨습니다

실제로, 그들이 이룩한 것은 주님의 승리였고

능력과 성공을 주셨습니다

그들이 매번 승리하게 하셨고

주를 위해 통치의 특권을 주셨습니다

지도자들이 위치를 유지하고 싶다면

주님을 신뢰해야 합니다

주님은 모든 대적을 멸하실 것이며

능력으로 주님을 미워하는 모든 사람을 눌러 버리실 것이며

불타는 분노로 파괴하실 것이며

지옥의 불로 그들을 태워 버리실 것입니다

어느 날 이 땅 위에는 악한 자가 한 명도 없게 될 것이며

그들과 그들의 후손도 없어지게 될 것입니다

악한 자가 주님의 말씀을 대적해 계획을 세우지만

그들의 반역은 성공하지 못할 것입니다

악인은 주님이 심판하실 때

완전하게 멸망하지만

저는 주님의 위대한 능력을 예배하며

노래함으로 주님의 능력을 찬양합니다

† 아멘

※ 다윗의 시편

대적들에 의해 공격받을 때 도움을 구하는 기도

저의 하나님이여, 저의 하나님이여, 왜 저를 버리셨습니까?

왜 주님은 필요힐 때 그렇게 멀리 계십니까?

왜 주님은 고뇌하는 기도를 듣지 않으십니까?

오, 하나님이여, 낮에 저의 기도를 듣지 않으시며

밤에도 주님은 가까이 계시지 않으십니다

오, 하나님이여, 주님은 이스라엘의 거룩한 분이시니

예배할 때 주님의 백성에게 오십니다

고통의 때에도 우리 열조들은 주를 신뢰했으며
주님은 문제를 통해 그들을 인도하셨습니다
그들이 구원을 부르짖어 구할 때
주님은 그들에게 위대한 승리들을 주셨습니다
저는 열조와 같지 않아
사람들은 저를 비웃으며 저를 미워합니다
그들은 저의 얼굴을 향해 공개적으로 무시하며
다른 사람 앞에서 저를 조롱합니다
그들은 주님을 신뢰한다고 제가 미쳤다고 생각하고
고통의 때에도 주님이 제게 오시지 않을 것이며
주님이 저의 진실함을 증명해 주시지 않을 것이라고 말합니다

주님이 태에서 저를 조성하셨으며
아기 때 특별한 일을 위해 택정하셨습니다
태에서부터 저는 주님을 신뢰했습니다
오, 하나님이여, 주님은 제가 가진 유일한 소망이시니
저를 버리지 마소서
저는 문제를 해결할 다른 방법이 없는데
대적은 현명하고 힘이 있으며
그들은 약점을 파고듭니다
고소들과 거짓말이 저를 삼키며

그들의 말은 물리적 고통보다 훨씬 상처를 줍니다

저의 심령은 낙심해서 살고 싶지 않으니
악한 자의 누름은 육체의 고통보다 훨씬 더 심합니다
제 영혼이 적과의 전쟁으로 공격받을 때
몸 전체가 아프고 저는 포기하고 싶습니다
뭐라고 기도해야 할지조차 모르겠는데
왜 주님께서는 이런 시험들이 다가오게 허락하십니까?

들개처럼, 대적은 저를 씹어 삼키고 있으며
저를 죽이려고 합니다
저를 십자가에 못 박고 있으며
잡아당겨서 제 모든 뼈가 어그러지니 심히 고통스럽습니다
그들은 제게서 모든 것을 훔쳐갔고
저의 옷을 걸고 내기를 하고 있습니다
주여, 저에게서 멀리 떠나 있지 마시고
가까이 오사 제가 이 어려움을 통과하게 하소서
능력을 주사 그것들을 참으며
확신을 주사 그늘의 속임수를 이기게 하소서

저는 어떻게 주님이 제게 임하셨는지를 모든 이에게 말할 것이며
다른 믿는 자들에게 주님의 선함을 증거할 것입니다
그들도 주님을 신뢰하는 사람들을 돌보심을 알아야 하며

제가 하는 것처럼 주님을 신뢰해야 합니다

고통 중에 있을 때 주님이 우리에게 오실 것이니

주님이 필요할 때 주님의 얼굴을 숨기지 않으실 것입니다

믿는 자들에게 주님을 찬양할 것이며

제가 약속한 모든 것을 할 것입니다

연약한 그리스도인이 주님을 신뢰하는 일에 용기를 얻게 되며

인생 전체를 통해 주님을 계속 따를 것입니다

불신자들은 주님의 자녀를 위해 주님이 하시는 것을 깨닫게 될 것이며

구원을 받고자 주님께 돌아올 것입니다

언젠가 주님의 나라는 이 땅에 올 것이며

모든 사람이 주님의 통치를 인정하게 될 것입니다

주님의 자녀는 당신의 나라를 즐거워하며 주님을 예배할 것이지만

불신자들은 주님의 다가올 심판을 피하지 못할 것입니다

주님을 섬기는 사람들은 항상 아주 조금만 남지만

그들은 주님이 인정하며 보호하는 자들입니다

그들은 당신께서 자녀를 어떻게 돌보시는지 선포할 것이며

세대마다 주님의 선하심과 보호하심을 선포할

믿는 자가 더 많이 일어날 것입니다

† 아멘

※ **다윗의 시편**

보호하시는 하나님과의 관계를 인정하는 기도

여호와여, 당신이 저의 목자이시니

아무것도 필요하지 않습니다

주님은 저를 푸른 초장에 누이시고

잔잔한 물가로 인도하십니다

주님이 영적인 능력을 새롭게 하시니

주님의 이름을 영화롭게 하기 위해

의의 길로 저를 인도하십니다

어두운 골짜기를 걸을 때라도

죽음의 그림자를 두려워하지 않는 것은

주님이 저와 함께 계시기에

지팡이와 막대기가 저를 보호하시기 때문입니다

주님은 저를 위해 잔칫상을 준비해 주시며

대적들로 제가 먹는 것을 구경하게 하십니다

저를 영화롭게 하시고 치유하시기 위해 제 머리에 기름을 부으십니다

주님께서 제 잔을 가득 넘치게 하십니다

주님의 선하심과 자비하심이 정녕히 저를 따를 것인데

저의 평생에

주님의 집에 영원히 살 것입니다

† 아멘

※ 다윗의 시편

최후의 상과 대적에게서 승리를 구하는 기도

여호와여, 주께서는 땅에 좋은 것을 주시며
이 땅의 모든 인간의 주가 되셔서
땅을 물이 가득한 둥근 구로 창조하시며
첫째 날에 땅과 물로 나누셨습니다

오, 주여, 주의 임재로 들어올 수 있는 사람은 누구이며
주님 앞에 설 수 있는 사람이 누구입니까?
오직 깨끗한 손과 순수한 마음을 가진 사람들과
죄에서 자신들을 구별하는 사람들입니다

주의 임재에 서 있는 사람들을 축복하시며
구원으로 의롭다고 선포해 주십니다
이 사람들은 주님을 알고자 찾는 사람들이며
주님의 임재 안에 서 있기 원하는 사람들입니다, 셀라!

주여, 영원한 문을 활짝 여실 것을 아오니
영광의 왕이시여 들어가소서
주의 대적이 묻기를 " 영광의 왕이 누구뇨?"
대적을 파멸하시기에 능하신 여호와이십니다

영원한 문으로 행진하소서
위엄 있게 들어가소서 저의 영광의 왕이여
심판하실 때 대적들이 계속해서 묻기를 "영광의 왕이 누구십니까?"
전 우주의 창조주가 영광의 왕이십니다, 셀라!

†아멘

※ 다윗의 시편

고통 중에 도움을 구하는 연약한 신자의 기도

오, 여호와여, 기도로 주께 나아갑니다
오, 하나님이여, 당신을 신뢰하니
저로 곤경에 빠지지 않게 하시며
대적이 저를 이기지 못하게 도우소서

여호와여, 주님의 자녀 중 누구도 수치를 당하지 않게 하소서
주님을 신뢰하니

주님을 대적하는 사람들은 수치를 당하게 하소서

살아갈 동안 좇아가야 할 말씀을 저에게 보이시며
저를 가르치사 주님의 진리를 순종하게 하시며
주님의 말씀을 따르게 하소서
당신은 구원자 하나님이시니
구원을 주시는 주님께 제가 나아갑니다

여호와여, 저를 향한 주님의 긍휼을 기억하소서
주께서는 사랑을 항상 나타내셨습니다
어릴 때 범한 죄들을 기억하지 마시며
오 여호와여, 자비하심으로 저를 대해주소서

여호와여, 주는 선하셔서 의롭게 행하시니
거역자들도 생명의 길을 따르게 하소서
저는 주께서 온유한 자를 공의로 보호하실 것과
그들에게 순종하는 방법을 가르치실 것을 압니다
주님은 항상 의로운 일을 행하시며
말씀을 순종하는 사람들에게는 자비를 나타내십니다

여러 가지로 완전하지 못하오니
주님의 이름을 위해서라도 죄를 용서하소서
주의 이름을 두려워할 자들을

인도하사 의로운 것을 행하게 하시며
그들이 순종하오니 평안을 주시며
그들의 자손이 형통하게 하소서

여호와여, 당신께서 인생에 비밀을 가지고 계심을 압니다
순종하는 자들에게 생명을 약속하셨습니다
여호와여, 제가 항상 주의 구원을 바랍니다
당신은 고통을 통해 저를 인도하십니다

구원을 위해 주님을 항상 바라보게 하소서
종종 저는 아무 말도 할 수 없습니다
제 마음도 잘못된 결정을 내리게 하오니
저의 문제를 떠나 주님을 따르게 하소서

저를 미워하는 많은 적들이
저를 파괴하기 원합니다
시련이 올 때 주님께 더 가까이 나아가게 하소서
저는 수치를 당하고 싶지 않을 뿐 아니라
주님이 구원하실 것을 믿습니다

저를 도와주셔서 진리를 항상 말하게 하시며
인도하사 의로운일을 항상 행하게 하소서
주님의 백성을 고통으로부터 구원하소서

† 아멘

※ 다윗의 시편

신실하며 성실한 신자의 기도

오, 여호와여, 저를 살피시고 시험하사 저의 성실함을 보소서
주님을 신뢰하오니, 넘어지지 않을 것입니다
생각과 마음으로 범죄하지 않았사오니
저의 의도를 철저히 시험해 보소서
저를 향한 주님의 사랑을 묵상하며
주님의 말씀으로 살려고 했습니다

대적의 소리를 듣지 않았으며
그들과 사귀지도 않았습니다
주님께 불순종하는 사람들과 친하게 지내지도 않았으며
그들에게 영향을 받지도 않았습니다
무죄하게 살려고 항상 노력하며
주님의 용서 안에서 살아갑니다
주님께 감사를 드리며
저의 삶에서 역사하셔서 감사한다는 것을 모든 사람에게 말합니다

여호와여, 주의 집에서 주님과 함께하려고

주 앞으로 나아갑니다

불순종하는 죄인과 함께

무죄한 생명을 취하는 살인자와 함께 저를 대하지 마소서

저들은 주님의 진리를 지속적으로 거부하며

주의 법을 어길 때는 거짓말합니다

저는 완전하려고 노력할 것이니

자비하심으로 저를 구원하소서

제가 평탄한 데 서 있으니

여호와여, 저는 다른 신자들과 함께 주를 찬양합니다

✝ 아멘

※ 다윗의 시편

보호하심을 위해서 하나님의 앞에 있기를 구하는 기도

여호와여, 주님은 저의 빛이며 구원이시니

제가 누구를 두려워하겠습니까?

주여, 주님은 저의 생명의 능력이신데

왜 저는 두려워합니까?

악인이 저를 먹으려고 할 때

그들은 실족해 넘어지고 떨어집니다

악한 사람의 무리가 저를 공격하더라도
제가 그들을 두려워하지 않을 것은
주님이 보호해 주실 것을 알기 때문입니다

여호와여, 주께 원하는 것 한 가지는
주의 아름다움을 볼 수 있는 주님의 집에 머물면서
주님의 임재를 즐기기 원합니다
여호와여, 고통과 문제가 저에게 갑자기 올 때
주님의 임재 안에 숨겨 주소서
대적이 올 수 없는 바위에 저를 두시며
여호와여, 대적 위로 저를 높이소서
그때 저는 기쁨의 제사를 주님께 드리게 될 것이며
주님께 찬양하게 될 것입니다

오, 여호와여, 주님께 부르짖을 때 들으소서
필요한 것으로 도와주소서
"나의 얼굴을 찾으라"고 말씀하실 때
"주님의 얼굴을 제가 찾을 것입니다"라고 대답합니다
주님을 찾을 때 주의 얼굴을 숨기지 마소서
저는 구원하시는 주님이 필요합니다
비록 육신의 어머니와 아버지가 저를 버린다 할지라도
저는 주님이 저를 버리지 않으실 것을 압니다
여호와여, 가르쳐 주사 주님을 잘 따르게 하셔야 함은

대적이 저를 공격하려 기다리고 있습니다
여호와여, 대적이 저를 붙잡지 못하게 하심은
그들은 저에 대해서 거짓을 말하며 저의 생명을 위협합니다
만약 주님의 선하심이 없었다면
저는 무기력하며 포기했을 것입니다

✝아멘

※ 다윗의 시편

악한 자가 대적할 때 기도를 들으시는 하나님께 구하는 간구

여호와여, 기도하오니 도와주시고 침묵하지 마소서

주님이 저의 소리를 듣지 않고 저의 기도를 들으시지 않는다면

불신자들과 같을까 합니다

주님의 임재를 구할 때

저의 기도를 들으소서

거짓을 말하고 주님의 말씀을 어기는

악인과 함께 저를 대하지 마소서

범죄하므로 그들을 심판하시고

그들이 다른 사람을 저주하는 고통으로 그들을 벌하소서

악한 자는 주님의 말씀으로 살지 않으며

주님이 세상을 어떻게 운행하시는지에 관심이 없고

주님이 행하신 모든 것을 파괴합니다

여호와여, 저의 기도를 들으시는 주님을 찬양하는 것은

주님이 저의 힘이시며 보호자입니다

제가 주님을 신뢰하므로 구원받았사오니

주의 보호하심을 찬양합니다

고통받을 때 주의 기름 부은 자에게 능력을 주신 것처럼

여호와여, 주께서 어려움을 극복하는 능력을 저에게 주소서

주님의 백성을 구원하시고 주님의 임재로 축복하소서

인생 살 동안 먹을 음식을 주시며

죽을 때는 영원한 집으로 인도하소서

† 아멘

※ 다윗의 시편

시편 29편
천둥폭풍 속에서 나타나는 하나님의 능력을 찬양하는 기도

여호와여, 경이로운 창조 때문에 저는 주님께 영광을 돌리며

이 창조세계에 나타난 주님의 능력을 깨닫습니다

주여, 이 땅이 주님의 거룩한 아름다움을 나타내므로

이 땅을 즐거워하는 우리 모두가 주님을 예배하지 않을 수 없습니다

주여, 주님은 능력의 강물 소리로 말씀하시며

폭풍 속에서는 천둥소리를 듣습니다

홍수가 물건을 휩쓸어 갈 때는 주님의 임재를 느끼며

폭풍 속 권능의 목소리가 두려워집니다

주님의 임재는 장엄하며 감탄할 만한 것입니다

주여, 폭풍이 나무를 뿌리째 뽑을 때 주님이 말씀하십니다

나무가 부러지고 깨어질 때 주님은 말씀하십니다

송아지처럼 폭풍이 풀밭에서 힘 있게 뛰어놉니다

주님의 바람이 젊은 황소처럼 수풀을 찢어 놓습니다

주님의 목소리는 번개처럼 날카롭게 울립니다

바람 같은 주님의 목소리는 사막을 넘어서 휩쓸고 지나갑니다

참나무가 부러질 때 주님은 말씀하시며

숲이 발가 벗겨질 때 주님의 목소리가 들립니다

성전의 모든 백성들은 "영광"이라고 소리치니

주님은 폭풍을 다스리시기 때문입니다

주님은 하늘의 보좌에서 앉아 계시며

온 땅에서 벌어지는 모든 일을 다스리십니다

주여, 저에게 힘을 주사

삶의 폭풍을 통과할 수 있게 하시며

폭풍이 격동할 때 평안을 주십니다

† 아멘

※ **다윗의 시편**

좋은 건강을 얻기 위해 하나님께 드리는 감사의 기도

여호와여, 주님이 저를 보호하셨으므로 주님을 높입니다

주께서 죽음의 원수가 저를 이기지 못하게 하셨습니다

아플 때, 주님이 저로 살게 하시며

치유하시기를 기도합니다

주여, 죽음에서 저를 구원하셨고

한 가지 목적을 위해 살게 하셨습니다

오, 주여, 성도들과 함께 주님께 노래하오니

주님의 장엄한 거룩함을 기억하소서

주님은 잠깐 동안 저를 슬프게 하셨으나

이제는 주님은 살게 하셨습니다

저는 온 밤 내내 울지라도

아침에는 기쁨이 왔습니다

건강할 때 저는 영원히 살 것이라고 생각했고

결코 아프지 않을 것이라고 말했습니다

주님의 즐거움으로 사는 것이라는 것을 깨닫습니다

주님은 산만큼 저를 강하게 만드셨고

주님의 영적인 축복을 저에게서 거두실 때

저는 죽을까 두려웠습니다

저는 살려 달라고 기도했으며

저의 소리를 들어 달라고 기도했으며

왜 죽어야 하느냐고 질문하는 것은

무덤에 들어간다면 주님을 찬양할 수 없기 때문입니다

자비하심을 구하는 저의 긴급한 기도를 들으시며

필요한 때에 오셔서 고쳐 주소서

슬픔이 변해 춤이 되게 하셔서 감사하며

저의 환자복을 벗게 하시고 행복을 입게 하소서

찬양하기 위해 치유받기를 원하니

오, 주여, 저의 하나님이여, 영원히 주님께 감사를 드립니다

† 아멘

※ 다윗의 집이 헌신하는 노래와 시편

시편 31~38편

♠ 적을 만날 때 하는 기도

시편 31편

저는 대적을 만날 때 두렵습니다. 그러나 겁내고 싶지는 않습니다. 불안 때문에 기도합니다. "여호와여 내가 주께 피하오니 나로 영원히 부끄럽게 마시고 주의 의로 나를 건지소서 내게 귀를 기울여 속히 건지시고"(시 31:1-2).
내가 여기 있습니다. 주님, 저는 주님이 지금 필요합니다.

대적들에게 마음을 쓰지 않는 것은 쉽지 않습니다. 그들이 너무 강해 보이며 고민한다는 사실은 그들이 나보다 우세하다는 것을 보여 줍니다. "내가 허탄한 거짓을 숭상하는 자를 미워하고"(시 31:6). 제가 적에게 집중한다면 주님께는 집중하지 않는 것입니다. " 주의 얼굴을 주의 종에게 비취시고 주의 인자하심으로 나를 구원하소서 "(시 31:16).

주님, 내가 고통 중에 있을 때 주님에 대해 생각하기가 어렵습니다. 저를 도우사 주님을 보기 위해 저의 고통을 넘어서 보게 하소서.

내가 어려움에 있을 때에도 인생에 대한 하나님의 계획을 신뢰할 수 있어야 합니다. 상처는 받았지만 위험을 넘어갈 때에도 주님은 나를 지켜 주시리라 믿어야 합니다. "여호와를 찬송할지어다 견고한 성에서 그 기이한 인자를 내게 보이셨음이로다"(시 31:21).

주님, 나는 주님의 계획에 복종합니다. 나를 오늘 인도하소서.

적을 만날 때도 용기를 내야 합니다. 그러나 힘은 내 안에 있는 것이 아닙니다. "강하고 담대하라 여호와를 바라는 너희들아"(시 31:24). 종종 나는 그들 때문에 너무 화를 내는데 그러나 그것은 용기가 아닙니다. 화가 날 때, 그것은 단순히 감정에 몰입되어 버리고 마는 것입니다. 내가 "거짓 입술로 벙어리 되게 하소서"(시 31:18)처럼 반응할 때,

주여, 나의 분노하는 간구 이후를 생각하게 하시고, 내게 주님의 임재를 보여 주소서.

"비밀히 장막에 감추사"(시 31:20). 주여, 내가 여기 있나이다.

적을 대면할 때 주님을 신뢰할 수 있어야 합니다. "나는 주께 의지하고 말하기를 주는 내 하나님이시라 하였나이다"(시 31:14). 내가 용기나 자제력을 가지지 못하며 굉장히 좌절되어서 내가 무엇을 해야 할지 모를 때도 주님을 의지해야 합니다. "강하고 담대하라 여호와를 바라는 너희들아"(시 31:24).

대적의 거짓말에 맞서도록 도와주는 기도

여호와여, 구원하시는 주님을 신뢰하오니
곤경을 당치 않게 하시며
내려오셔서 저의 말에 귀를 기울이소서
긴급히 주님을 만나야 합니다

주께서 바위만큼 강력한 능력으로
저를 멸망당하지 않게 지켜 주소서
제가 주의 손을 붙드오니
이 고통에서 벗어나도록 이끌어 주소서

이 궁지에서 저를 꺼내 주소서
주님이 그것을 하실 수 있는 것을 알고 있습니다
주님의 손에 저를 맡기는 것은
저의 구원자이기 때문입니다

제가 거짓말하는 사람들을 싫어하는 것은
진리의 하나님, 주님을 섬기기 때문입니다

저는 기쁘게 주님의 자비하심을 의지합니다

왜냐하면 주님은 제게 있는 곤란을 알기 때문입니다
그리고 제가 얼마나 비참한지 주님은 압니다
주님은 저를 대적에게 가두지 않았습니다
주님은 저에게 많은 공간을 주셨습니다

저의 고통의 때에 저에게 자비를 베풀어 주소서
고통이 저를 삼켰기 때문입니다
저의 눈은 울어서 부풀어 있습니다
저는 매우 피곤해서 아무것도 할 수 없습니다
저의 대적이 저를 씹고 있으며
친구조차도 저에게서 돌아섰습니다
다른 길로 걸을 때 그들이 저를 피했습니다

어떤 사람도 제 일을 상관하지 않으니
깨어진 유리처럼 쓰레기통에 던져 넣었습니다
저에 대해 대적이 말한 거짓말을 들었을 때
저는 거의 죽을 것같이 두려웠습니다
그때 저의 대적들이 저를 제거하는 방법을
함께 모여 계획하기 시작했습니다

주님은 제가 두려워할 수 있는 유일한 분이시며
주님은 저의 주님이시며 저의 하나님이십니다
주님께 저의 인생을 의탁합니다

저를 미워하는 저의 대적과

저를 얻으려고 하는 사람에게서 저를 구원해 주소서

저는 주님의 얼굴을 보기 원합니다

주님의 자비하심으로 저를 보호하소서

주여, 저는 곤경에 빠지지 않기 원합니다

주님이 저를 보호해 주시기를 구합니다

오, 주여 저의 대적이 곤경에 처하게 하소서

저를 대적하는 그들의 계획을 혼란에 빠지게 하소서

그들의 거짓말하는 입을 닫으셔서

주님의 기준으로 살아가는 사람들에 대해 거짓말하지 못하게 하소서

주여, 주님은 순종할 때 제게 너무 좋으신 분이십니다

그러므로 저는 제 이름을 걸고 주님을 신뢰합니다

주님의 비밀한 임재로 저를 이끄소서

제가 주님께 가까이 있을 때 저는 보호받고 있다고 느낍니다

주여, 자비하시니 주님을 찬양합니다

주님은 모든 종류의 위험에서 저를 보호하시기 때문입니다

고립되는 것을 불평해서 죄송합니다

저의 불평에도 불구하고 주님은 저에게 응답하셨습니다

주여, 저를 보호하시고

저에 대해 거짓말하는 사람들을 처벌하시기 때문에 주님을 사랑합니다

주여, 거짓말에도 불구하고 저를 격려해 주소서

저를 강하게 하셔서 그들을 다루게 하소서

왜냐하면 저는 주님께 저의 소망을 두기 때문입니다

† 아멘

※ 다윗의 시편

범죄 후에 용서를 구하는 기도

주여, 제가 축복받은 것은

저의 모든 거역함을 용서하셨기 때문입니다

주여, 제가 축복받은 것은

저의 죄를 덮으시기 때문입니다

이제 저는 주님의 임재를 즐거워할 수 있습니다

주님의 책에서 저의 잘못을 지우시고 축복하시며

잘못들을 기억조차 않으십니다

저의 죄를 인정하지 않을 때

온 육체가 회개함으로 부르짖으며

밤낮 고통으로 괴롭힙니다

저의 입도 너무 건조해서 말할 수조차 없습니다, 셀라!

제 자신을 파괴하는 저의 죄를 인정하오며

주께 잘못을 더 이상 감추지 않습니다, 셀라!

죄를 고백하고 회개하자

주님은 저의 흉악한 죄를 용서하셨습니다

주는 은혜로우사 우리의 죄를 용서하시니

심판이 우리에게 올 때

모든 경건한 사람은 주님 안에서 평안히 안식을 누리고

그 날이 다가올 때 주님 안에 숨을 것이며

저는 구원의 노래로 주님께 예배할 것입니다, 셀라!

여호와여, 올바른 삶의 원칙으로 가르치시며

저를 인도하셔서 실수하지 않게 하소서

깨닫지 못하는 말처럼

재갈 물려 끌려가고 싶지는 않습니다

주를 거역하는 자는 고통을 당하지만

주를 신뢰하는 자에게는 자비하심을 나타내시니

주의 말씀을 따르는 저는 행복하며

저에게 의로운 일을 하게 하시니 기뻐 외칩니다

† 아멘

※ 다윗의 교훈의 시편

시편 33 편
신실한 사람을 축복하시는 하나님께 드리는 기도

여호와여, 주께 나아가게 하시니 기뻐하며
주님을 예배합니다
모든 이가 현악기로 주를 찬양하며
악기들로 주님을 높입니다
새 노래를 만들어 주를 예배하며
저의 마음 깊은 곳에서 주님을 찬양합니다
말씀하시는 모든 것이 의로우시니
주님이 하시는 모든 일이 완전하십니다

주님은 의로운 일을 하시며 의로운 결정하는 것을 좋아하시며
땅에 있는 모든 것을 선하게 만드셨습니다
주님이 말씀하시자 지구의 반이 금방 나타나며
모든 천사에게 생명을 넣어 주셨습니다
주님께서 온 땅의 물을 손안으로 퍼올리시며
해양의 가장 깊은 곳까지 계획하셨습니다

땅의 모든 사람은 주님의 능력을 인정하며
주님의 권세를 두려워합니다
모든 것은 주께서 말씀하신 대로 이루어졌으며

원하시는 대로 모든 것이 이루어졌습니다

경건치 않은 자가 말씀을 대적할 때
그들의 계획이 혼란에 빠지게 하십니다
여호와여, 주님의 결정은 항상 의로우며
알고자 하는 모든 이는 당신의 말씀을 알 수 있습니다
주님의 법을 따르는 무리를 항상 축복하시며
당신의 사람들로 만드실 것입니다
주께서 내려다보시고 성실한 예배자를 찾으시며
누가 신실한지를 보려고 마음을 시험하시니
누구도 주님의 정밀조사에서 벗어날 수 없습니다

주께서는 당신을 찾을 기회를 모든 이에게 주셔서
기회가 올 때 그들이 어떻게 하는지 보십니다
지도자에게 많은 무리의 추종자가 있다고 해서 구원받는 것이 아니며
주께서 능력이 있다고 어떤 사람을 구원하시지 않습니다
이 세상의 수송기관을 통해서는
주님의 임재로 들어가지 못합니다

주님을 경외함으로 따르는 모든 이를 보고 계시며
주님의 자비하심을 신뢰하는 사람들을 알아주십니다
지옥에서부터 그들의 영혼을 구원하실 것이며
주님은 이 땅에서 그들을 돌보실 것입니다

저는 겸손히 주의 축복을 기다리니

주는 저의 도움이시요 보호입니다

주께서 소유로 주신 것을 기뻐하는 것은

저를 보호하시며 선한 것으로 주실 것을 믿기 때문입니다

여호와여, 주의 자비하심을 보여 주소서

신뢰할 수 있는 분은 주님밖에 없습니다

† 아멘

※ 다윗의 교훈의 시편

고통으로부터 구원을 얻기 위한 감사의 기도

여호와여, 저는 항상 주를 예배할 것이며

저의 입에는 찬송이 계속 있을 것입니다

모든 사람에게 제가 주를 신뢰한다는 것을 말하리니

열정적으로 순종하는 사람들이 함께 기뻐할 것입니다

여호와여, 주님의 위대하심을 찬양하며

모든 사람이 함께 찬양하기 원합니다

두려워서 죽게 되었을 때 주님을 찾았더니

두려움을 가져가셨습니다

사람들은 두려울 때 주를 바라보았고

그들을 실망시키지 않으셨습니다

두려웠을 때 주님께 도움을 부르짖으니
저의 소리를 들으셨고 모든 고통에서 구원하셨습니다
주님은 저를 보호하는 천사들을 보내셔
천사들에게 명하사 저를 둘러싸고 구원하셨습니다

저는 주님이 공급해 주시는 좋은 음식을 먹었으며
주의 임재 앞에서 만족하게 되니 감사합니다
저는 주님의 모든 자녀들이 당신을 신뢰하기를 원하나니
그들을 돌보실 것을 알기 때문입니다

거역하는 젊은 사자는 배가 고프지만
주의 자녀는 주가 주시는 좋은 것들로 즐거워합니다
모든 사람이 저의 말에 귀 기울이기를 원하는 것은
만족을 얻는 방법을 가르쳐 줄 수 있기 때문입니다

여호와여, 사람은 죽고 싶어 하지 않으며
오랫동안 행복하게 살기 원합니다
그러려면 그들은 악하게 말하는 것을 그만두고
주님 안에서 발견한 진리를 추구해야 하며
악한 길을 회개해야 하고
주의 말씀에 따라 평안의 삶을 살아야 합니다

주님은 자녀가 하는 모든 것을 보고 계심과

그들이 말하는 모든 것을 듣고 계신 것을 제가 압니다

주님의 얼굴은 악한 일을 행하는 사람을 대적하시니

악인은 죽게 되며 당신의 임재 앞에서 쫓아내십니다

의롭게 사는 주님의 자녀가 주께 부르짖으니

그들의 모든 고통에서 그들을 구원하십니다

주님은 깨어진 마음을 가지고 있는 사람들에게 가까이 하시며

죄에 대해 회개하는 사람들을 구원하십니다

의롭게 살고자 하는 자는 많은 고난을 겪지만

주께서는 그들 모두에게서 우리를 구원하신다는 것을 알고 있습니다

그들이 우리를 죽이고 싶어 할 때 보호하시니

그들이 우리에게 영원한 해로움을 주지 못합니다

죄인은 그들의 죄로 번민할 것이며

평화를 사랑하는 사람을 미워하는 사람은 결코 평화를 얻지 못할 것입니다

주님은 당신을 섬기는 우리의 생명을 구원하실 것이며

우리를 결코 포기하지 않을 것입니다

† 아멘

※ 다윗이 아비멜렉 앞에서 행동을 바꾸었고 쫓겨나서 떠나갔을 때 시편

'친구들'이 당신에 대해 거짓을 말할 때 하나님께서 개입하시도록 구하는 기도

여호와여, 주님이 제 편이기를 원하오니
저를 해하려는 사람들을 대적하소서
저의 적을 대적해서 제 등을 보호하시며
저를 대적하는 악한 계획을 방해하시고
자신들의 전술로 그들을 혼란하게 하소서
그들을 다룰 만한 확신을 저에게 주소서

그들의 거만과 악한 결정을 파괴하시며
저를 대적하려 계획한 굴욕을 자신들이 겪게 하소서
잡초처럼 뿌리 뽑으소서
바람처럼 주님의 천사가 그들을 날려버리게 하시며
그들의 눈을 멀게 하셔서 소경처럼 비틀거리게 하소서
주님의 천사가 그들을 처벌하게 하소서
대적이 저를 공격할 어떤 이유도 없었으며
그들을 미치게 할 어떤 것도 하지 않았습니다
전혀 예상하지 못했을 때 그들이 저를 공격했던 것처럼
심판을 예상하지 못할 때 갑자기 그들을 벌하소서

여호와여, 제가 주님을 기뻐하는 것은
대적으로부터 저를 구원해 주셨기 때문입니다
매우 강력한 대적에게서부터
구원해 주시니 너무 감사합니다
제 등 뒤에서 저에 대해 거짓을 말하고
저를 대적하는 악한 계획을 벌일 때조차 알지 못했습니다
저는 그들에게 친절했고 도왔지만
저들은 선행을 악행으로 갚았습니다
그들이 고통 중에 있을 때
저는 그들을 위해 기도하면서 시간을 보냈고
금식하며 음식 없이 보냈는데
제가 그들을 돌본 것이 시간낭비였습니까?

제가 그들을 친구처럼 대하며
그들과 악수로 맹세했지만
고통 중에 있을 때
그들은 제가 없다고 저에 대한 나쁜 소식을 퍼뜨렸지만
저를 대적하는 악한 계획을 세운다는 것도 알지 못했고
그늘은 저를 파괴하기 위해서 가능한 한 모든 것을 했습니다
그들은 위선자이며
등 뒤에서 저를 갈기갈기 찢어 놓았습니다

여호와여, 주님은 하늘에서 그들의 반역을 그저 지켜보고 계십니까?

오셔서 그들을 대적해 고통에서 저를 도우실 때
주님이 저를 구원하기 위해 어떻게 그들을 멸망시키셨는지
주님을 신뢰하는 모든 사람에게 말할 것입니다
저의 대적이 기뻐하지 못하게 하시며
그들이 행한 일 때문에 고통으로 부르짖게 하소서
그들은 주님을 따르기를 원치 않기 때문입니다
그들은 주님을 따르는 사람들이 서로에 대한 반감을 품게 하기 원하며
그들은 제가 벌받아 마땅하다고 말하며
사람들에게 제가 고통받고 있다는 것을 계속 나타냅니다

주여, 그들이 저에게 행한 것을 주님은 보셨사오니
하늘에서 조용히 있지 마시며
주님의 등을 저에게 돌리지 마소서
일어나셔서 일하시며
오셔서 저의 보호가 되소서
오, 여호와여 저를 시험하사 제가 신실하게 주님을 따르고 있는지를 보시며
저에 대한 거짓말을 귀 기울여 듣지 마소서
그들이 사람들에게 저를 사기꾼으로 믿게 만들지 못하게 하시고
그들이 저를 잡아 먹지 못하게 하소서
저에 대해서 거짓을 말하니 수치를 겪게 하소서
그들은 저를 나쁘게 보이게 하려고 했사오니
거짓과 위선을 말한다는 것을 모든 사람이 보게 하소서

주여, 당신께서 개입하셔서 믿는 자들이 기뻐하게 하시고

주님이 의롭게 행하시는 분이며

믿지 않는 자들은 당신께서 벌하시는 것을 알게 하소서

주여, 의로운 일을 행하심을 찬양하며

하루 종일 주님을 찬양할 것입니다

†아멘

※ 다윗의 시편

경건한 사람들과 불순종하는 사람들의 차이를 설명하는 기도

여호와여, 악인은 마음으로 주님을 거절하며

그들의 삶은 주님을 두려워하지 않는 것을 보여 줍니다

그들은 자신을 영화롭게 하기 위해 살며

자랑은 비열한 것입니다

그들은 저주하거나 다른 사람을 기만하며

불순종하여 선한 일을 할 수 없습니다

그들은 악한 것들을 지속적으로 생각하며

주님의 법을 어길 때도 회개하지 않습니다

여호와여, 주님의 자비는 모든 사람을 살리시며

계속 신실하게 살려 주십니다

주님은 의로운 삶의 근원이시며

살아 남게 하십니다

주님의 사랑은 모든 사람에게 완전하시니

주님의 자녀들을 보호하실 것을 신뢰합니다

주님은 목적을 주시며

주님의 강에서 만족할 때까지 마시게 합니다

여호와여, 주님은 생명의 근원이시며

빛으로 삶을 인도하십니다

주님의 말씀을 순종하는 사람들을 계속 사랑해 주시며

주님의 말씀에 따라 의롭게 살게 도우소서

거만한 사람이 저를 공격하지 못하게 해주시며

저를 파멸하지 못하게 하소서

그들은 자신들의 죄 때문에 실패할 것이며

죽을 때도 주님 앞에 가지 못할 것입니다

† 아멘

※ 주님의 종인 다윗의 시편

시편 37편

하나님께서 선한 사람을 보호하시는 것과
악인을 처벌하시는 것을 감사하는 기도

여호와여, 법을 파괴하는 자들 때문에 염려하지 않는 것은
불법적으로 얻은 것을 좋아하지 않기 때문입니다.
그들은 베어진 풀처럼 곧 시들게 될 것이며
새로운 풀이 시드는 것처럼 결국 죽게 될 것입니다.
여호와여, 주님을 신뢰하며 의롭게 살아가니
저를 보호해 주시고 공급해 주실 것을 압니다.
주는 어떤 것보다 더욱 더 만족을 주시며
모든 소망을 만족시켜 주십니다.

인생의 일을 주께 맡기니
모든 일을 주께서 해결해 주실 것을 압니다.
주님은 일출처럼 저의 신실함을 빛나게 하시며
저의 결정이 정오처럼 빛날 것입니다.
주여, 주님의 임재 안에 쉬면서
인내하며 주님의 인도를 기다립니다.

저는 불법거래로 돈을 버는 사람들에 대해서 염려하지 않을 것입니다.
주여, 저는 속이는 사람 때문에 화내지 않을 것이며

불법적으로 출세하는 사람들을 부러워하지 않을 것입니다
왜냐하면 주님은 그들을 결국 멸하실 것이기 때문입니다
주님은 주님을 따르는 사람들을 번성하게 하실 것이며
거짓말 하는 자를 멸하는 것은 오래 걸리지 않을 것이니
그들을 돌보는 사람들이 그들을 찾지 못할 것입니다

연약한 자는 주님이 보상하시니
그들은 행복하고 안전한 삶을 살 것입니다
법을 파괴하는 자들은 주의 자녀를 속이려고 하며
그들은 주의 자녀에 대해 거짓을 말합니다
주님은 그들을 보며 그저 웃기만 하심은
결산의 날이 오고 있는 것을 아시기 때문입니다
악한 자는 주님을 따르는 자를 속이며
그들이 소유한 모든 것을 훔치는 정교한 계획을 세웠습니다
주여, 자신들의 속임수로 자기들이 속게 하셔서
훔친 모든 것을 잃어버리게 하소서

악한 계획으로 부자가 되는 것보다
적게 가진 경건한 자가 되는 것이 더 좋으니
주님의 자녀는 보호하시고
훔치려는 비열한 사람의 손은 잘라버리십니다
주님은 자녀를 매일 돌보시며
결코 잃어버리지 않을 보상을 해주소서

주께서 심판하실 때 그들은 부끄러워하지 않을 것이며
어려운 때에도 주님이 공급해 주실 것입니다

주님의 대적은 그렇지 못하고 다 없어질 것이며
연기처럼 사라져버릴 것입니다
그들은 빼앗고 결코 되돌려주지 않지만
주님의 자녀들은 친절하고 성실합니다
그들은 땅을 결국 상속받을 것이며
주님은 그들을 심판하거나 버리지 않을 것입니다

그들이 주님의 말씀을 따르기를 기뻐하니
걸음을 인도하십니다
선한 자는 넘어질지라도 버려 두지 아니하시니
주께서 그들이 매번 일어나도록 도우십니다
주여, 주께서 유아 때부터 지금 나이 들어서까지 살게 하셨습니다
저는 결코 주님이 주님의 자녀에게 등을 돌리는 것을 본 적이 없으니
당신의 소유를 항상 돌보셨습니다

주여, 주님을 따르는 자들이 악한 것을 따르지 않게 하시며
항상 선한 말씀을 따르게 하소서
주님은 올바른 일을 하는 사람들을 사랑하시며
주님을 따르는 그들을 결코 버리지 않을 것입니다
주님은 악을 행하는 사람은 멸하시며

의로운 일을 행하는 자는 언젠가 땅을 상속받고
거기서 주님과 함께 영원히 살 것입니다
그들은 의로운 일을 항상 말하며
모든 사람에게 주님이 의로우시다 말할 것이며
주님의 법으로 살 것입니다
그들의 발은 죄에 걸려 넘어지지 않을 것이지만
악인의 눈은 주님의 자녀를 살피고 넘어지게 하려고 길을 찾습니다
주님은 따르는 자들을 악한 사람에게 넘기지 않으실 것이며
심판이 올 때 주님은 그들을 기억하실 것입니다

주여, 저는 주님을 기다리고 순종하려고 하므로
주님의 자녀와 함께 땅을 유산으로 받지만
악한 자는 멸망시키실 것을 압니다
주여, 악한 자는 엄청난 영향력을 가지고 있는 것처럼 보이며
뻗어 나가는 참나무가 번성하는 것처럼 보이지만
어느 날 그들은 소멸돼 버리며
어디에서도 그들을 찾지 못할 것을 압니다

주여, 주님의 말씀에 순종하는 사람들을 보소서
그는 평화를 만듭니다
불순종하는 자는 한 가지로 파멸되며
완전히 없어질 것입니다
주님은 의로운 일을 하는 사람들을 구원하시며

문제가 올 때 그들을 강하게 하실 것입니다

주님은 그들이 어려운 시기를 헤쳐 나가도록 도우실 것입니다

여호와여, 악한 자로부터 그들을 구원하소서

그들이 주님을 신뢰하기 때문입니다

† 아멘

※ 다윗의 시편

악한 일을 했기 때문에 고통을 겪고 있는 사람의 기도

오, 여호와여, 주님을 화나게 할 때에라도 저를 괴롭게 마시며

불순종했다고 벌하지 마소서

저는 주님의 벌하심을 잊을 수 없습니다

죄로 말미암아 주님의 손이 괴롭히시니

주님의 벌을 더 이상 견딜 수 없습니다

저의 죄 때문에 쉼을 누릴 수 없으며

불순종으로 이 모든 것이 저를 누르니

너무 무거워 참을 수 없습니다

벌하신 곳은 상처로 염증이 났으니

완고함 때문에 상하게 됩니다

고통 가운데

항상 부르짖습니다

가련한 온몸은 통증이 있고

더 이상 나아지지 않고 있습니다

제 안의 거역의 영이 깨뜨려지고 있으며

살고 싶은 마음도 없어집니다

더 이상 마음에 사랑도 생겨나지 않고

야망도 없어집니다

친구들도 모두 저를 버렸으며

가족도 저에게 오지 않습니다

대적은 저를 파괴하기 위해서 여전히 애쓰며

등 뒤에서 저에 대한 거짓을 말합니다

어떤 것에 대해서도 상관하지 않으므로

그들이 말하는 것에 귀 기울이지 않게 되고

제 자신을 방어하려고 하지 않습니다

주여, 주님은 저의 유일한 소망이시니

주께서 제 말에 귀를 기울이실 것이라는 것을 압니다

대적이 저의 불행을 비웃지 못하게 하시며

저의 연약함을 이용하지 않게 하소서

저는 매우 혼란에 빠져 있어서

포기할 준비가 되어 있습니다

주님께 불순종했사오며

죄를 회개합니다

저의 대적은 매번 공격하며

매일 더 많은 사람이 저를 공격하기 위해 그들과 합칩니다

그들은 저의 의로움은 결코 생각지 않으며

저의 선한 행동도 악한 행동으로 만들어 버립니다

주여, 지금 저를 떠나지 마시며

멀리하지 마소서

속히 오셔서 저를 도우소서

여호와여, 주님은 저의 구원이십니다

† 아멘

※ 다윗에 의한 기억의 시편

> 시편 39~41편

♠ 인도하심을 받고 싶을 때 하는 기도

시편 39편

살아가는 동안에 하나님의 인도를 필요로 하는 시기가 있습니다. 아마 실수를 하고 범죄해서 현재 고통 중에 있지만, 아직까지 하나님의 음성을 듣지 못했을 수도 있습니다. 그러나 당신은 하나님께서 지금 무엇을 해야 할지를 보여 주기를 원할 것입니다. 그렇다면, 시편 기자와 함께 기도해 보세요. "나를 인도하시고 지도하소서"(시 31:3). "내가 너의 갈 길을 가르쳐 보이고 너를 주목하여 훈계하리로다"(시 32:8)라고 하나님이 약속하지 않았습니까?

주님, 저는 주님의 약속을 선포합니다. 저에게 해야 할 것을 보여 주소서.

인생에서 하나님의 뜻을 발견하는 첫 번째 단계는 자신의 인생에 대해 책임감을 갖는 것입니다. 다른 사람이 당신의 행동에 대해 하나님께 대답해 주지는 않기 때문입니다. 하나님은 당신에게 책임을 물으십니다. "나의 행위를 조심하여 내 혀로 범죄치 아니하리니"(시편 39:1).

주님, 어떤 사람도 제가 무엇을 해야 하는지 말해 줄 수 없습니다. 저는 주님에게서 듣겠습니다.

인도함을 구하는 두 번째 단계는 묵상입니다. 시편 기자는 말하기를 "내 마음이 내 속에서 뜨거워서 묵상할 때에 화가 발하니 나의 혀로 말하기를"(시편 39:3). 시편 기자는 초조해하거나 혹은 염려했기 때문에 자신의 문제에 대한 해결책을 생각하기 시작했습니다. 그러나 (스스로) 생각해 보는 것으로는 부족하며, 어려움에 대한 하나님의 해답을 생각해 보아야 합니다.

주님, 저는 무엇을 해야 할지 모르기 때문에 주님께 나아옵니다.

세 번째 단계는 인도를 위해 하나님께 묻는 것입니다. "여호와여 나의 종말과 연한의 어떠함을 알게 하사"(시 39:4). 신약은 "너희가 얻지 못함은 구하지 아니함이요"(약 4:2)라고 권고한 것을 기억하십시오.

주님, 만약 제가 저의 인생을 주님께 인도하도록 부탁하지 않았더면 지금부터 그렇게 하겠습니다. 제게 무엇을 해야 할지 보여 주소서. 제가 그렇게 행할 것입니다.

네 번째 단계는 모든 상황이 엉망이라고 느끼더라도 하나님이 여전히 나의 모든 것을 주관하고 계신다는 사실을 인식하는 것입니다. 시편 기자는 하나님께 "주께서 나의 날을 손 넓이만큼 되게 하시매 나의 일생이 주의 앞에는 없는 것 같사오니 사람마다 그 든든히 선 때도 진실로 허사뿐이니이다(셀라)"(시편 39:5)라고 말했습니다.

다섯 번째 단계는 실수하지 않도록 하나님께서 지켜 달라고 기도로 요청하는 것입니다. 이미 실수를 했을 때는 하나님께 실수의 결과를 극복하도록 도와달라고 기도하십시오. "나를 모든 죄과에서 건지시며"(시편 39:8).

주님, 저는 주님이 제가 하기 원한다고 생각하는 것을 행할 것입니다. 저를 잘못된 판단과 사고로부터 보호하소서.

여섯 번째 단계는 하나님이 지시하시는 일들을 하기 위해서 그분의 능력을 구하는 것입니다. 많은 사람들이 하나님의 인도를 원하지만, 무엇을 해야 할지 알고 난 후에도 그것을 하고 싶어 하지 않거나(불순종) 혹은 그것을 할 수 있는 능력이 없습니다(불능). "주는 나를 용서하사 내가 떠나 없어지기 전에 나의 건강을 회복시키소서"(시편 39:13). "여호와를 의뢰하여 선을 행하라 땅에 거하여 그의 성실로 식물을 삼을지어다 또 여호와를 기뻐하라 저가 네 마음의 소원을 이루어 주시리로다 너의 길을 여호와께 맡기라 저를 의지하면 저가 이루시고"(시편 37:3-5).

이 짧은 인생에서 기회들을 현명하게 이용할 수 있도록 구하는 기도

여호와여, 어떻게 살아야 할지 주의를 기울이고
말로 범죄하지 않을 것이며
말을 내뱉을 때 주의할 것입니다
주위에 비기독교인이 있을 때는 특히
거의 아무것도 완성하지 못해서 말할 수 없지만
속으로 저는 폭발할 지경이었습니다
생각할 때마다 속이 타는 것 같아
저의 연약함을 받아들이기로 했습니다

여호와여, 저를 도와주셔서 제게 일어나는 일들을 이해하게 하시며
도우사 시간을 현명하게 사용하게 하소서
저는 연약합니다
주여, 적당한 시간을 저에게 주셨는데
인생은 주 앞에서 너무 짧습니다
최선을 다할 때조차도 하찮을 뿐입니다, 셀라!

저는 하찮은 일을 하는 사람들과 같은데
저들의 성취하는 것은 만족스럽지 못합니다

새 알의 둥지를 세우지만 다른 사람이 먹어버립니다

주여, 저는 주님 안에서 만족을 찾으니

소망은 주님 안에 있습니다

죄의 결과에서 저를 구원하시며

비기독교인이 조롱하지 못하게 하소서

더 이상 불평하지 않을 것은

주께서 저의 기도에 응답하셨기 때문입니다

벌 받지 않게 해주소서

거의 죽을 지경입니다

주님은 죄 때문에 삶을 빼앗아 버리지 않으시지만

아름다운 젊음이 사라지는 것은

인생이기 때문입니다, 셀라!

오, 주여, 저의 간구를 귀 기울여 들으소서

주님이 멀리 계시므로 울고 있습니다

과거 인생들처럼 저는 한 사람의 순례자일 뿐이오니

고통에서 살리사 강해지게 하소서

곧 죽어서 이 세상을 떠날 것 같기 때문입니다

†아멘

※ **다윗의 시편**

고통의 시기에 도움을 얻기 위한 기도

여호와여, 주님을 인내심 있게 기다리오니
저의 소리에 귀 기울이시고 저의 간구에 귀 기울이소서
주님은 저를 두려운 웅덩이에서 건지셨으며
바위 위에 두사 평탄한 인생이 되게 하셨습니다

주께서 저의 마음에 새 노래와
구원자 주님께 드리는 찬양을 두셨으니
많은 사람들이 예배와 찬양소리를 듣고 주님께 예배할 것이며
주님을 신뢰하게 될 것입니다

주님은 구원을 받으려고 주님을 신뢰하는 모든 사람들과
거짓과 교만에서 회개하는 사람들도 축복하십니다
여호와여, 주님은 많은 기이한 일을 행하셨고
저를 계속 생각해 주셨습니다

주님이 저를 위해 행하신 모든 것은 다 이해할 수 없으며
기억할 수 없을 만큼 많나이다
주께서는 제사를 원치 않으시니
저는 성경에서 명령하신 방법으로 당신께 나아갑니다

주님의 뜻에 순종하는 것을 원하시니
저의 마음이 주님의 명령을 행하는 것을 기뻐합니다
저는 모든 사람에게 의롭게 살라고 말할 뿐 아니라
증거하는 일을 결코 부끄러워하지 않는다는 것을
주께서 아십니다

저는 '은밀한 신자'가 결코 아니었고
신실하심을 모든 사람에게 말했음을 주님께서 아십니다
저는 믿음에 대해 말하는 것을 그만두지 않을 것이며
제가 주님을 따르는 자인 것을 모든 이에게 말했습니다

저에게서 주님의 친절을 거두지 마시며
여호와여, 약속대로 저를 보호하소서
유혹이 너무 많아 셀 수조차 없고
그 유혹들은 정죄감을 갖게 하고 낙담케 합니다
여호와여, 오셔서 악한 자에게서 저를 구원하소서
속히 오소서, 제게는 지금 주님이 필요합니다
저를 멸망케 하려는 자들을 수치를 당하게 하시며
저에게 계획한 멸망을 자신들이 경험하게 하소서

제가 경험하도록 그들이 계획한
죄의 고통을 자신들이 경험하게 하시며
주님을 찾는 모든 사람이 주님의 구원으로 기뻐하게 하소서

주님을 높이는 기쁨을 계속 얻게 하소서

여호와여, 주님은 가난하고 빈궁한 것을 아시오니
필요한 때에 저를 돌아보소서
오셔서 도우시고 저의 어려움을 벗어나게 하소서
하나님이여, 속히 오소서 지금 주님이 필요합니다

† 아멘

※ 다윗의 시편

병들었다고 뒷말을 대적이 퍼뜨리지 못하도록 치유해 주심을 구하는 기도

여호와여, 주께서는 가난한 자를 돌아보는 사람들을 축복하시며
가난한 자를 보호하는 사람들을 구원하시기로 약속하셨고
그의 생명을 보존하고 대적에게 넘기지 않을 것을 약속하셨습니다
그가 아플 때 주님이 그들을 돌보실 것이며
병들었을 때도 그들과 함께 계실 것입니다

저는 주님의 자비를 필요로 하는 사람이니
주님께 범죄했더라도 치유하소서
대적은 저의 고통에 대해 모든 사람에게 이야기하며

제가 죽기를 열망하고 있고
병문안을 올 때도 거짓말을 하며
대적들에게 퍼뜨릴 험담거리를 모으고 있습니다

저를 미워하는 모든 사람들이 뒷말을 계속 퍼뜨려서
평판과 인생을 파괴하고자 하고
제가 죄 때문에 죽을 것이며
회복하지 못할 것이라고 주장합니다
제가 신뢰하는 몇몇 가까운 친구조차
등 뒤에서 저를 찌르려 하고 있습니다

주여, 병중에 있는 저에게 자비를 베푸시고
저를 일으키사 제가 그들을 뒤쫓게 하소서
주님이 저를 일으키실 때 그것은 하나의 징조가 되어
대적이 저를 멸망시키지 못할 것입니다
주님이 저의 온전함을 판단하실 것이며
저는 주님의 임재를 기뻐할 것을 압니다
이스라엘의 주를 찬양합니다
주님은 영원부터 영원까지 동일합니다

† 아멘 아멘

※ **다윗의 시편**

시편 42~49편
♤ 하나님을 알기 원할 때 하는 기도

고라 자손의 시편

고라 자손은 하나님을 친밀하게 알아가는 것을 사모했습니다. 이 시편들은 하나님과 불화하거나 멀어지거나 홀로 있다고 느낄 때 기도해야 할 시편입니다. 아마 고라의 자손들은 성소에 들어가지 않기 때문에 하나님의 임재를 지속적으로 추구했던 것 같습니다. 고라는 하나님을 배반한 자였습니다.

원래 고라는 레위 족속으로 태어나서 하나님의 제사장이 되었습니다(출 6:24). 그는 애굽의 노예생활에서 구원받은 젊은 사람이었습니다. 고라는 마른 땅을 밟고 홍해를 건널 때 하나님의 능력을 보았습니다. 그는 기적적으로 하나님께서 공급해 주신 만나를 먹었고 바위에서 흘러나온 물을 마셨습니다. 그는 기적 후에 또 다른 기적을 보아 왔습니다. 제사장으로서 고라는 자신의 가족과 다른 사람의 죄와 그의 죄 때문에 하나님께 희생제물을 바칩니다.

하지만 자신이 아니라 모세와 아론이 하나님의 백성들의 지도자가 되었습니다. 고라는 질투하기 시작했고 자신의 동료인 다단과 아비람과 더불어 그들은 모세의 지도력에 대항했습니다(참조. 민 16, 26:9-11, 27:3, 유 11장). 하나님은 고라의 죄를 보셨고, 그에게 성소의 주님 앞에 나오도록 명령했습니다. 그러나 고라, 다단, 아비람은 주님의 말씀 듣기를 거부했기에 땅이 지진으로 그들을 삼켜 버렸습니다. 하지만, 그의 자손들은 남아 있습니다(참조. 민 26:11).

주님, 제가 주님을 거역하는 다른 사람을 볼 때 저를 도우사 순종하는 법을 배우게 하소서.

이것은 무엇을 의미합니까? 분명히 고라의 자손들은 자신들의 조상이 하나님을 대적한 것들에 대해 부끄러워했습니다. 이에 대한 반성으로, 그들은 주님 앞에 온유하고 순종적이 되었습니다. 조상들이 성소에 들어오기를 거부했기 때문에 고라 자손은 최대한 성소 가까이 있었습니다. 고라 자손은 다시는 자긍심이 있는 지도자가 되지 못했습니다. 그들은 인정받고, 주목받지 않아도 주님을 섬겼습니다. 그래서, 시편을 지을 때 하나님을 아는 것에 대한 시편을 지었습니다. 그들은 시편에 자신들의 개인 이름을 붙이지 못했습니다. 오히려 그들의 시편들은 '고라 자손'의 시편으로 기록되었습니다.

주님, 그들이 기도한 것을 제가 기도합니다.

"악인의 장막에 거함보다 내 하나님 문지기로 있는 것이 좋사오니"

(시편 84:10).

고라 자손의 시편으로 기도하기

　고라 자손은 하나님께서 무소부재하신 것을 보았고 하나님의 임재를 경험하기를 열정적으로 소망했습니다. 아래 이야기는 오랫동안 성전에서 떨어져 있었던 고라 자손의 두 제사장의 이야기입니다. 그들은 하나님께 희생 제사를 드릴 수도 없었고, 성전 안의 레위 족속의 성가대가 부르는 위대한 시편을 들을 수도 없었습니다. 그들이 사막에서 귀환했을 때 숲에서 개들에게 쫓기고 있는 어린 사슴을 보았습니다. 다음은 고라 자손이 썼던 시편입니다.

　　숲을 뛰어다니며 물을 찾는 젊은 사자처럼
　　제 영혼이 하나님 주님을 갈망하며
　　저의 영혼이 주님께 목마릅니다
　　저는 그 성전에서 멀리 있는데
　　저의 하나님을 경배하기 원합니다
　　저는 하나님의 임재 앞에 나가기 원하며
　　저의 영혼을 하나님께 붓기 원합니다
　　그들은 제가 낙담한 것을 보고 말하기를
　　너의 하나님이 어디 있느냐
　　깊은 영혼의 간구로 하나님께 부르짖을 때
　　저는 오늘 예배하는 자들과 함께 올라갈 것입니다

　　(시 42:1-3, 7 AMP[3])

---

3) AMP = Amplified Bible

고라 자손이 쓴 시편 48편은 하나님의 위대한 두 가지 속성, 즉 첫 번째 그의 위대한 능력과 두 번째는 그의 자애로움에 대해 집중되어 있습니다. 그의 능력은 1~8절에서 강조되며, 그의 사랑은 9~14절에서 볼 수 있습니다. 8절의 셀라(Selah)라는 단어가 이 두 부분을 나눕니다. 위대함 때문에 하나님을 찬송할 때는 '생각' 이나 '하나님을 묵상하기 위해 잠시 멈춤' 을 암시하는 듯한 단어 '셀라' 라는 단어로 끝맺습니다.

주님, 나를 도우사, 내가 주님을 생각할 때 다른 것들에 대해서는 잊어버리게 하소서.

고라 자손은 성전과 예루살렘을 사랑했습니다. 그들은 다음과 같이 썼습니다. "여호와는 광대하시니 우리 하나님의 성, 거룩한 산에서 극진히 찬송하리로다 터가 높고 아름다워 온 세계가 즐거워함이여 큰 왕의 성 곧 북방에 있는 시온 산이 그러하도다(시 48:1-2)." 그들은 예루살렘과 그 궁전과 왕이 통과하는 곳을 보는 것을 매우 좋아했습니다. 그러나, 무엇보다도 "만군의 여호와의 성, 우리 하나님의 성"(시 48:8)을 사랑했습니다.

주님, 저는 주님의 도시, 새 하늘과 새 땅(계 21:1)을 사모합니다.

성전의 뜰은 고라 자손이 하나님을 경험한 장소입니다. 그들은 성전에서 하나님을 섬기는 것을 사랑했습니다. 왜냐하면 하나님이 거기에 계셨기 때문입니다.

> 만군의 여호와여 주의 장막이 어찌 그리 사랑스러운지요
> 내 영혼이 여호와의 궁정을 사모하여 쇠약함이여
> 내 마음과 육체가 생존하시는 하나님께 부르짖나이다

나의 왕, 나의 하나님, 만군의 여호와여 주의 제단에서

참새도 제 집을 얻고 제비도 새끼 둘 보금자리를 얻었나이다

주의 집에 거하는 자가 복이 있나이다 저희가 항상 주를 찬송하리이다(셀라)

주의 궁정에서 한 날이 다른 곳에서 천날보다 나은즉

악인의 장막에 거함보다 내 하나님 문지기로 있는 것이 좋사오니

여호와 하나님은 해요 방패시라 여호와께서 은혜와 영화를 주시며

정직히 행하는 자에게 좋은 것을 아끼지 아니하실 것임이니이다

(시 84:1-4, 10-11)

고라 자손이 하나님께 희생을 드릴 때 그것은 의무 이상이었으며, 그것은 그들의 마음의 열정이었습니다. 그들이 번제를 가지고 제단에 가까이 갈 때, 그들은 4)놋 그물 위의 번제물에서 나와 하늘로 올라가는 연기를 볼 수 있었습니다. 그들이 이 시편으로 다시 기도하는 곳이 이 장소였습니다.

주의 빛과 주의 진리를 보내어 나를 인도하사

주의 성산과 장막에 이르게 하소서

그런즉 내가 하나님의 단에 나아가 나의 극락의 하나님께 이르리이다 하나님이여 나의 하나님이여 내가 수금으로 주를 찬양하리이다

(AMP, 시 43:3-4)

---

4) 이 책과 NIV에서 사용한 grate를 개역한글에서 그물로 번역했고, 그 당시 출애굽기 38장 5절에서 번제 때 사용되는 그물이 '놋 그물'을 사용했으므로 놋 그물로 번역했습니다.

이들 친밀함의 시편을 당신의 삶에 적용할 때 기독교인으로서 자라날 것입니다. 당신은 하나님의 속성에 대하여 배울 것이고, 그것으로부터 하나님의 인격을 경험할 것입니다. 당신은 하나님을 알 수 있습니다. 그러나 중요한 것은 하나님도 당신을 알 수 있습니다.

주님, 나에게 주님을 가르쳐 주십시오.

고라 자손의 시편들

시편 42편 : 하나님을 향한 갈망

시편 43편 : 하나님을 소망하기

시편 44편 : 어려움에 처한 사람들을 위한 기도

시편 45편 : 왕의 아름다움

시편 46편 : 하나님 안의 피난처와 능력

시편 47편 : 주 하나님 지극히 높은 분을 찬송하기

시편 48편 : 시온 성의 아름다움

시편 49편 : 인생에서 진정한 가치를 분별하기

시편 84편 : 하나님의 집을 즐거워하기

시편 85편 : 귀환한 망명자들의 기도

시편 87편 : 하나님의 도성, 시온

시편 88편 : 핍박 때문에 온 비탄

하나님의 임재를 경험하는 기도

쫓기고 있는 젊은 사슴이 물을 갈하듯이
오, 주여, 저의 영혼이 주님의 임재를 갈망하며
오, 하나님 당신을 갈망합니다
언제 주님의 임재 앞에 다시 저를 서게 하실 것입니까?
밤낮으로 제가 주님께 부르짖지만
많은 대적이 조롱하여 "너의 하나님이 어디 있느냐?"고 말하오니
제가 주님께 나아가던 때를 기억합니다
주님의 집에 지금은 들어갈 수 없다는 것이 마음을 상하는 것은
예배자의 무리와 함께 주님께 나가던 것을 회상하기 때문입니다
저는 노래하고 있었고 감사드리고 있었고
다른 예배자와 함께 찬양하고 있었습니다

지금은 저의 영혼에서부터 낙심되는 이유는
주님의 집에서 끊어져 있기 때문입니다
장래에는 주님의 임재로 돌아갈 것이며
주님을 찬양하기 위해 주님의 집으로 다시 올 것입니다
제가 의기소침한 것은 주의 샘에서 마실 수 없으며
주님이 우리에게 요단의 물의 근원인 헤르몬 산과
주님의 임재가 이 땅에 첫 번째로 임하는 미살 산에서

물을 보내셨음을 회상하기 때문입니다

바다에서 노하는 파도소리를 들으니
주께서 다시 저를 새롭게 해주시기를 원합니다
주님의 사랑으로 매일 마시기 원하며
노래와 기도로 매일 밤 주님을 예배하기 원합니다
성전에서 주님께 가까이 갈 수 없을 때에
저는 어둠 속에서 상심했으며
대적은 저의 헌신을 비웃습니다
그들은 저를 비웃으며 "너의 하나님이 어디 있느냐?"고 말합니다
저의 영혼이 낙심되며
저의 영혼이 슬플 때
저는 중심으로 주님을 예배할 것입니다
주님은 확신을 더해 주시니
당신은 저의 주님이며 저의 하나님이십니다

✝아멘

※ 고라 자손의 교훈

낙담할 때 희망을 위한 기도

오, 여호와여, 저를 주의 깊게 시험해 보시고

보시는 것을 경건치 못한 자에게 말씀하소서
속이는 대적에게서 저를 구원하시고
정직하지 못한 자가 저에게 덫을 놓지 못하게 하소서
오, 하나님이여, 주님은 저의 힘이신데
왜 주님은 저에게 귀 기울이지 않으십니까?
왜 대적 때문에 상하게 하십니까?

주님의 지혜의 빛을 주셔서
제가 좋은 결정을 내리게 하소서
빛을 비추사 경건함으로 이끌어 주사
주님의 임재로 들어가게 하소서
죄를 고백하려고 제단 앞으로 나아갈 때
주님께 기쁘게 나아가게 될 것이며
주님을 즐겁게 찬양할 것입니다

지금 저는 고통스럽고 외로우니
왜 저는 이토록 당황스럽습니까?
오, 하나님이여, 소망과 격려가 주님 안에 있으니
주님을 계속 찬양합니다
당신은 저의 건강이시며 구주이십니다

† 아멘

파멸하려는 대적을 막아 주시는 하나님께 드리는 기도

오, 여호와여, 주님이 과거에 행하신 모든 전능하심과
어떻게 주님이 거룩한 땅에서 이방인을 몰아내셨는지를
저의 귀로 듣습니다
주님은 그들을 멸망시킨 분이셨습니다
우리 열조는 원래 자신의 힘으로 땅을 정복하지 못했지만
주님이 소유하게 허락하셨습니다
주님은 저의 왕이시니, 오, 하나님이여
주님은 저희에게 약속의 땅을 주실 수 있습니다
주님의 능력으로 저희는 그 땅에서 이방인을 몰아 낼 것이며
그들이 대적해 일어날 때 그들을 복종시킬 것입니다
저희는 승리를 위해 무기를 의지하지 않아도
주님은 저희를 저희의 대적에게서 건지실 것이며
저희가 하루 종일 주님을 자랑할 것입니다
저희는 주님의 이름을 영원히 찬양할 것입니다, 셀라!

주님은 우리를 버렸고 그들이 우리를 망하게 버려 두셨으며
대적에 대항해 싸워 주시지도 않으셨습니다
대적에게서 도망하도록 하셨고
그들의 소유물이 약탈당하게 두셨습니다

그들은 양처럼 무방비였고

패배했으며 흩어졌습니다

그들은 대적에게 팔렸지만

주님은 그냥 그대로 두셨습니다

저희는 이웃에게 치욕이 되었고

주위 사람들은 저희가 패배했을 때 몹시 놀랐습니다

대적은 그들을 저주했고

모든 사람은 그들을 조롱했습니다

저에게 일어나는 일을 이해할 수 없으며

패배하니 당황스럽습니다

저를 공격하는 사람들에게 어떻게 대답할지를 모르며

그들에게 대답해 줄 이유를 가지고 있지 않습니다

모든 것이 악화되었지만

저희는 주님을 잊지 않았으며

주님께 순종함을 멈추지 않았습니다

우리 마음을 강퍅하게 하지 않고

주님을 따르는 것을 포기하지도 않았습니다

대적이 우리를 벌하게 하며

죽음의 그림자가 우리 위에 드리우게 하신다 할지라도

주님의 이름의 능력을 잊어버리지 않았으며

거짓된 신에게 손을 내밀지도 않았습니다

주님은 왜 우리의 마음과 중심을 보지 않으십니까?

우리는 주님의 뜻 때문에 항상 고통을 겪고

도살당할 준비가 되어 있는 양 같습니다

깨소서, 주님을 구할 때 주무시지 마시며

영원히 우리를 버리지 마소서

주님의 얼굴을 감추지 마시며

우리의 고통을 잊어버리지 마소서

우리의 영이 눌리며

살 소망도 사라져 버리기 때문입니다

일어나셔서 저희에게 오사 도우시며

자비하심으로 구원하소서

†아멘

※ 고라 자손에 의한 교훈

좋은 정치적 통치자를 위한 감사의 기도

오, 여호와여, 제가 한 가지 선한 생각을 해왔는데

그것은 왕에 관한 이야기를 말하는 것이며

제 혀는 그 일을 기록할 준비된 붓과 같습니다

왕의 공의는 사람의 아들보다 뛰어나며

입술에서는 은혜가 쏟아지니

당신이 항상 왕을 축복하셨기 때문입니다, 저의 하나님이여

왕은 그의 엉덩이에 검을 매며

영화롭게 위엄 있게 타고 나갑니다

왕은 진리와 온유함 때문에 형통하며

오른손은 빠르게 움직일 것입니다

왕은 원수의 심장을 꿰뚫을 것이며

나라들은 왕에게 복종할 것입니다

왕은 영원히 주를 위해 다스릴 것이니

그의 왕위는 당신의 것입니다

왕은 의로운 일을 하는 사람은 사랑하며

악한 일을 행하는 사람을 미워하니

주님께서 왕에게 기쁨의 향유를 부으십니다

그의 옷에서 몰약과 알로에의 냄새가 나며

주님은 왕의 궁궐의 권세를 기뻐하십니다

왕은 많은 존귀한 여인들 중에서 아내를 선택할 수 있지만

한 사람이 주의 권세로 여왕으로 선택됩니다

여인들은 가족을 떠나서 왕의 가족이 되는 것이

명예라고 생각합니다

그러므로 왕은 아름다운 사람을 선택할 것입니다

우리는 왕이 현명하기 때문에 왕을 따릅니다

많은 여인들이 결혼식에 선물을 가져올 것이며

부자들은 왕의 호의를 구할 것입니다

신부는 좋은 성품을 가져야 하며

그녀의 번쩍이는 드레스는 금실로 짠 것이고

옷자락이 찰랑거리도록 세련된 바느질이 되어 있습니다
들러리는 결혼식에서 왕에게 같이 나가며
왕에게 들어갈 때 기뻐하니
아름다운 들러리는 결혼식을 높여 줍니다
왕은 신부에게서 많은 아들들을 낳을 것이며
그들은 왕궁에서 왕자가 될 것입니다

여호와여, 주님의 이름은 영원히 기억되실 것이며
주님의 사람들은 주님을 영원히 찬양할 것입니다

† 아멘

※ 고라 자손의 교훈

말세 심판 때 하나님의 보호를 신뢰하는 기도

하나님이여, 주님은 저의 피난처이며 힘이시니
고통당할 때 도우려고 준비하고 계십니다
땅이 부서지며, 산이 바다에 빠질지라도
바다가 폭풍으로 격노하며
산이 지진으로 흔들린다 할지라도
두려워하지 않을 것입니다, 셀라!

여호와의 성 안에 흐르는 강가와

당신의 성소의 성막 안에서

저는 평안히 쉴 것입니다

여호와의 성이 흔들리지 않을 것은

당신께서 그 가운데 계시기 때문입니다

주께서 저는 견고하게 하시지만

이방인은 분노할 것이며

인간의 왕국은 무너질 것입니다

주께서 말씀하시면

땅은 주님의 심판으로 녹을 것입니다

오, 만군의 주여, 주님은 저와 함께 하실 것이며

야곱의 하나님이여, 당신은 저의 피난처가 되십니다, 셀라!

사람들이 주의 능력을 보게 될 것이며

주님이 땅을 어떻게 심판하시는지 보게 될 것입니다

땅의 종말이 올 때

주님은 모든 전쟁을 그치게 하시며

모든 무기를 파괴하실 것이며

모든 전차를 파괴하실 것입니다

제가 주님의 임재 안에 잠잠히 있으니

주님을 친밀하게 알아 갈 수 있습니다

말씀을 따랐던 우리에게

이방인에 대한 원수를 그 날에 갚아 주실 것입니다

오, 만군의 주 여호와여, 주님은 우리와 함께 하시며
야곱의 하나님이여, 당신은 저의 피난처가 되실 것입니다
†아멘

※ 고라 자손의 노래

온 땅을 통치하시는 주님을 영화롭게 하는 기도

여호와여, 제가 주를 인정하므로 손뼉을 치며
승리의 주님을 소리쳐 찬양하는 것은
지존하신 하나님이여, 주님은 경외할 만한 분이시기 때문입니다
주님은 온 땅 위에 위대한 왕이십니다

주님은 저희 앞에서 대적을 복종시키시며
우리가 대적을 다스리게 하시니
야곱을 사랑하셔서 약속의 땅을 주신 것처럼
살아야 할 곳을 주십니다, 셀라!

여호와여, 당신의 힘 있는 외침과 함께 성전에 들어가시며
나팔소리로 영광을 받으십니다
모든 이는 주님께 찬양하고
노래 부르며 예배합니다

주님은 온 땅 위에 왕이시니
저는 주님을 찬양하는 이유를 깨닫게 됩니다
주여, 주님은 모든 사람을 다스리시니
거룩한 왕좌에 앉으십니다

모든 나라의 통치자가 여기에 있으니
저와 함께 아브라함의 하나님 당신을 찬양합니다
온 땅의 통치자들은 주님께로부터 권세를 얻으니
주님은 온 땅 위에서 영광을 받으십니다

† 아멘

※ 고라 자손의 시편

시편 48편
하나님께서 예루살렘을 보호해 주신 것을 감사하는 기도

여호와여, 주는 당신의 성에서 위대하시니
저는 주님의 거룩한 산에서 찬양합니다
예루살렘은 산꼭대기 사이에 아름답게 서 있음이여
온 땅이 보기 원합니다
거룩한 곳, 시온 산에 세워진 것은
여호와의 성입니다
저의 위대한 왕이여

주여 당신이 예루살렘 성전에 거하시니

주님의 백성도 거기에서 안전하게 거합니다

땅의 왕들이 군대를 모으니

예루살렘을 공격하려고 계획했습니다

그들이 성의 방벽을 보았을 때

정복할 수 없다는 것을 알고 그들은 후퇴했습니다

여인이 다가올 산고의 고통을 두려워하는 것처럼

강한 선박이 다가오는 폭풍을 두려워하는 것처럼

그들은 성을 공격하기를 두려워했습니다

저는 예루살렘의 영광을 듣기만 했었는데

이제는 눈으로 봅니다

오, 만군의 여호와여, 이곳은 주님의 성이니

주께서 영원히 안전하게 지키실 것입니다, 셀라!

성전 안의 주님의 임재로 들어갈 때

오, 하나님이여, 저는 주님의 자애로움을 묵상합니다

당신의 이름은 찬양을 받으시기에 합당하십니다

오, 하나님이여

주님은 땅 끝에서 높임을 받으시기에 마땅한 것은

당신의 손이 이 성을 보호하시기 때문입니다

주께서 성을 살펴보시고

망대를 계수하시고

성의 방벽 주위를 둘러보시고

강화된 성벽을 점검하시며

시온의 궁궐을 주의 깊게 보실 때에

시온 산의 거민들이 기뻐하게 하옵소서

주께서 그것을 다음 세대에게 알리실 수 있기 때문입니다

여호와여, 주님은 영원히 우리의 하나님이시니

죽을 때까지 돌보실 것입니다

† 아멘

하나님 없이는 돈, 능력, 지혜가 무용지물인 것을 고백하는 기도

여호와여, 사람들이 알아야 하며

주의를 기울여야 하는 것이 있으니

모든 사람, 즉 상류층과 하류층,

부유한 자와 가난한 자가 깨달아야 하는 것입니다

인생의 비밀이 무엇입니까?

대답이 얼마나 간단한지요

저는 답을 설명하려는 많은 비유와

많은 시를 들었습니다

하나님께서 대답이시므로,
저는 고통이 올 때 대적이 저를 대적할 때도
두려워하지 않습니다

어떤 이는 그 비밀이 많은 돈을 소유하는 것이라고 생각하므로
돈이 그들의 문제를 해결할 것이라고 확신하지만
죽음에서는 구원할 수 없습니다
돈은 하나님이 그들의 영혼을 속죄하게 만들지 못하니
구원은 그렇게 임하지 않습니다
돈으로는 하나님과 함께 영원히 살게 될
하늘로 가는 길을 살 수 없습니다

귀머거리와 무지한 자처럼
현명한 사람도 반드시 죽으며
돈도 남기고 떠나야 합니다
모든 이는 그들이 영원히 살 것이라고 생각하며
자신들의 집안은 영원할 것이라고 생각합니다
그들은 특별한 것에 이름을 붙이기도 하지만
모든 동물들이 죽는 것처럼
존경받는 사람도 죽을 것입니다
결코 죽지 않을 거라고 생각하는 사람들은
지혜가 있는 사람들이 아닙니다
오히려 그들은 바보로 기억될 것입니다, 셀라!

그들은 궁극적으로 죽임을 당할 양과 같을 것이며

죽음이 무덤에서 그들을 받을 것이며

결과적으로 경건한 자가 그들을 지배할 것이며

죽으면 그들의 아름다움도 끝이 납니다

주여, 죽음의 날에 저를 구원하실 것이며

타락에서 지키실 것입니다, 셀라!

악한 자가 부유해지는 것과

크고 넓은 집에 사는 것을 개의치 않는 것은

죽을 때는 가져갈 수 없기 때문입니다

돈은 무덤에서 그들을 도울 수 없습니다

그들은 살았을 때 자신을 위해 돈을 사용했고

자신의 평판이 좋아지기 위해서 모든 것을 했지만

그들은 모든 이들처럼 죽을 것입니다

그들은 주님의 임재의 빛을 보지 못할 것이며

돈으로 자신을 둘러쌀 수 있는 부가 있다 할지라도

짐승과 똑같이 죽을 뿐입니다

†아멘

※ 고라 자손의 시편

시편 50편

♧ 구원을 간구하는 기도

아삽의 시편

아삽은 인생의 두려움과 좌절을 표현하는 12편의 시편을 지었습니다. 이 시편은 하나님이 어려운 상황에 있는 아삽에게 어떻게 간섭하셨는지를 강조합니다. 아삽은 미래의 이스라엘 왕인 다윗과 함께 예루살렘을 도망친 하나님의 제사장이었습니다.

사울은 그를 죽이려고 유다 언덕을 넘어서 다윗을 추격했습니다. 추방당한 고통스런 13년 동안 아삽은 다윗과 함께 쫓겨 다녔습니다. 딱딱한 땅바닥에서 잠을 자야 하는 길고 추운 밤 동안 아삽은 성전의 하나님의 임재를 기억했고, 대적에게 거의 죽임을 당할 뻔 했을 때마다 자신의 생명을 보존해 주신 하나님께 감사했습니다.

매번 사울은 다윗과 그의 무리들을 거의 잡을 뻔했습니다. 그리고 만약 사울이 그들을 잡았다면 그는 다윗과 아삽을 죽였을 것입니다. 그래서 아삽은 하나님의 계속적인 구원에 대해 감사의 시편으로 기도했습니다.

밤마다 아삽은 친구들과 집에서 떨어져 있었습니다. 그는 제사장직과 성전으로 되돌아갈 수 있을지 의심스러웠습니다. 이 고독의 밤에 그는 하나님의 간섭하심을 위해 기도했습니다.

"나의 환난 날에 내가 주를 찾았으며 밤에는 내 손을 들고 거두지 아니하였으며 내 영혼이 위로 받기를 거절하였도다 내가 하나님을 생각하고 불안하여 근심하니 내 심령이 상하도다(셀라) 또 내가 말하기를 이는 나의 연약함이라 지존자의 오른손의 해를 기억하며 또 주의 모든 일을 묵상하며 주의 행사를 깊이 생각하리이다"(시편 77:2, 3, 10, 12).

주님, 위험 중에 울부짖을 때 보호해 주셔서 감사합니다. 알지 못했던 위험으로부터 구원해 주셔서 감사드립니다.

아삽의 시편

시편 50편 : 하나님은 심판이십니다

시편 73편 : 용서를 위한 기도

시편 74편 : 주의 백성을 기억하소서, 오, 여호와여

시편 75편 : 하나님은 심판자이십니다

시편 76편 : 여호와는 두려워할 분이십니다

시편 77편 : 하나님의 말씀을 기억하는 것

시편 78편 : 다음 세대를 가르치소서

시편 79편 : 이스라엘의 목자, 다윗

시편 80편 : 회복을 위한 기도

시편 81편 : 하나님의 파괴된 포도나무, 이스라엘

시편 82편 : 가난한 자를 변호하소서

시편 83편 : 주님께서 악인을 추적해 주시기를 구하는 기도

다윗이 유다의 왕으로 등극하는 날이 왔습니다. 7년 후에 그는 이스라엘 12지파 모두의 왕이 되었습니다.

그날에 아삽은 다시 성전의 하나님의 임재 앞으로 들어갔습니다. 또다시 아삽은 자신을 시온의 거룩한 산으로 되돌아오도록 허락하신 하나님께 경배했습니다.

> 대저 높이는 일이 동에서나 서에서 말미암지 아니하며
> 하나님은 모든 것을 아시는 재판장이시니
> 어떤 이는 낮추시고 어떤 이는 높이십니다
> 여호와의 손에 잔이 있어
> 그가 모든 사람에게 쏟아 부으십니다
> 악한 자는 그 잔을 마시고 세상에서 끊어지지만
> 의인은 그 잔을 마시고 높임을 받습니다
>
> 시편 75:6-8 (저자의 번역)

아삽이 성전에서 다시 잠을 잘 때조차 그는 가족과 하나님의 성전에서 분리되어 있는 광야의 춥고 외로운 밤에 대해 노래했습니다.

아삽이 아래와 같이 기도한 곳이 이 장소입니다.

제가 고통의 때와 밤에 한 저의 노래를 기억합니다
저는 주님께 계속 기도했습니다
주께서 영원히 버리실까
주의 자비는 영원히 다하였는가?
병중에 하나님의 오른손이 저를 보호하셨음을 저는 기억합니다
저는 주의 과거의 기이한 일을 기억했습니다
저는 밤새워 주의 행하신 일을 묵상했습니다

시편 77:6-7, 10-11 (저자 번역)

아삽은 다윗과 솔로몬이 임명한 성가대장입니다. 그가 죽은 (대하 35:15 참조) 후에도 아삽의 자손은 계속 섬겼습니다. 몇몇 역사학자들은 아삽 자손들이 출애굽(시 74, 79, 82, 83 참조) 동안 계속 섬겼다고 믿고 있습니다. 바벨론 유수 동안 이 시편들로 아삽의 자손들이 기도했었을 수도 있습니다.

소수의 사람들은 아삽이 예언으로 시편들을 썼을 수도 있다고 생각합니다. 아마 이런 시편들은 그와 다윗이 예루살렘에서 쫓겨났을 때 그의 경험을 표현하긴 했지만 그것은 약속의 땅에서 민족적 추방에 대한 예언이었습니다.

아삽의 시편으로 기도할 때 하나님이 어떻게 과거에 당신을 구원했는지 기억하시기 바랍니다. 과거에 하나님이 당신을 구원하신 방법을 들여다보면 미래에 당신을 하나님께서 어떻게 구원하실지를 깨달을 수

있습니다.

아삽의 시편으로 기도하세요. "내가 옛날 곧 이전 해를 생각하였사오며 밤에 한 나의 노래를 기억하여 마음에 묵상하며 심령이 궁구하기를"(시편 77:5-6).

당신이 과거에 하나님이 행하신 일을 기억할 때 미래의 두려움이나 현재의 낙심을 날려 버릴 수 있을 것입니다. "또 내가 말하기를 이는 나의 연약함이라 지존자의 오른손의 해 곧 여호와의 옛적 기사를 기억하여 그 행하신 일을 진술하리이다. 또 주의 모든 일을 묵상하며 주의 행사를 깊이 생각하리이다"(시편 77:10-12).

아삽의 응답받은 기도는 사람들이 기도하게 하는 동기부여를 합니다. "저희로 그 소망을 하나님께 두며 하나님의 행사를 잊지 아니하고 오직 그 계명을 지켜서"(시 78:7). 아마도 당신은 하나님이 당신의 인생에 행하시는 것을 이해하지 못할 수도 있습니다. 그러면 아삽의 시편으로 기도하세요. 왜냐하면 아삽은 그의 인생에 일어나는 일을 이해하기 매우 어려웠습니다. "하나님의 성소에 들어갈 때에야 저희 결국을 내가 깨달았나이다"(시 73:17).

주님, 터널 끝에 있는 빛을 보게 하소서.

당신을 위한 아삽의 기도들

주여, 제가 너무 낙심해서 주님이 과거에 행하신 일을 잊어버리지 않도록 도와주시며, 또한 현재 하시고 있는 일에 대해 주님을 신뢰하는 것을 잊지 않도록 하소서.

주여, 주님이 일하고 계시다는 것을 이해하도록 도우셔서 패배를 승리로 바꿀 수 있게 하시고, 제 인생에 일하시는 주님의 손길을 볼 수 있게 하소서.

주여, 제가 절망의 어두운 밤에 배운 것을 현재에 비추게 하소서.

주여, 주님이 과거에 저를 어떻게 도운 것을 나누게 하사, 주님이 자신들을 어떻게 도울 수 있는지 이해하기 어려워하는 사람들을 돕게 하소서.

† 아멘

기도 – 하나님께서 마음의 태도로 모든 사람을 심판하신다는 것을 깨닫는 것

오, 여호와여, 저의 전능자 주께서 말씀하시기를
땅의 이 끝에서 저 끝까지 모든 사람을 부르셨으니
주가 거하시는 아름다운 시온 산에서
주님의 영광스러운 얼굴이 빛나고 있습니다

주님은 장차 올 일에 대해 잠잠하지 않으시니
불이 감춰진 모든 것을 태워버릴 것입니다
주님이 주의 백성을 판결하실 때
하늘과 땅은 만물이 나오는 것을 보게 될 것입니다, 셀라!

주님은 주님의 임재 안에서 모든 사람
바로 주님을 예배하기 위해 언약한 사람을 모을 것입니다
하늘은 그들이 순종했다는 것을 증거할 것이며
주님은 그들의 마음에 모든 것을 드러내실 것입니다

오 여호와여, 주님은 귀 기울이시려고 주님의 백성을 부르시는데
주님이 그들의 책임을 물으시기 때문에
당신은 주님이시며 그들의 하나님이십니다

주여, 주님의 사람들이 희생을 드렸으며
그들이 번제를 주님께 계속 가져온 것을 아십니다
그러나, 주님은 그들의 동물들을 필요로 하지 않으시는 것은
언덕 위의 모든 가축이 주님의 것이며
모든 공중의 새와 땅의 모든 생물이
당신의 소유이기 때문입니다

주께서 고기가 필요하셨다면
사람들이 바치도록 하지 않으셨을 것은
땅도 주님의 것이며 만물이 자신 안에 있기 때문입니다
주님은 희생으로 바치는 짐승을 필요로 하지 않으시며
희생제물의 피도 필요없습니다
주님이 진정 원하시는 것은 감사한 마음이며
사람들이 주님께 약속한 것을 하기 원하십니다
고통의 날에 주님을 신뢰하기 원하시며
주님을 영화롭게 하기 원하십니다

주님은 불순종 하는 자에게 말씀하시기를
나의 법을 인용하는 것으로
나에게 순종하는 척하지 말라
주님의 법을 사랑하지 않기에
그들은 결코 주님이 원하시는 것에 관심이 없습니다
도둑을 볼 때, 그들은 도둑질을 도왔고

간통에도 연루되었습니다

그들은 자신들이 들었던 악한 일 모두를 되풀이 했으며

그들의 행동과 대조했을 때 그들은 거짓을 말했고

자신들이 행한 악한 일로 다른 사람을 고소할 뿐 아니라

심지어 자신들의 형제에 대해서도 거짓말을 했습니다

여호와여, 주님은 그들이 이런 일을 할 동안 잠잠히 계시니

그들은 주님이 상관치 않으신다고 생각했습니다

이제 주님은 그들의 행동에 책임지도록 부르시며

그들의 범죄를 보고 계십니다

그들은 주님을 무시했기에

주님이 자신들을 조각조각 내실 수 있음을 깨달아야 합니다

어떤 사람도 그들을 도울 수 없습니다

주님은 감사의 마음으로 드리는 제사를 기뻐하시며

솔직하게 예배하는 사람을 받아 주시니

이 사람들은 주님이 구원하신 자들입니다

† 아멘

※ **아삽의 시**

시편 51~83편

♤ 죄 용서를 받고 싶을 때 하는 기도

시편 51편

죄책감이 들 때, 하나님의 용서를 구하는것보다 더 좋은 것은 없습니다. 다윗은 하나님께 "주의 얼굴을 내 죄에서 돌이키시고 내 모든 죄악을 도말하소서"(시 51:9)라고 구했습니다. **주님, 제게 정결함의 확신이 있기를 원합니다. 저를 용서해 주옵소서.**

당신이 어떤 행동을 했다고 하더라도 그다지 큰 영향을 끼치지 못합니다. 특별히 끊기 어려운 죄라면 종종 아주 작은 죄라 할지라도 당신의 영혼을 갈가리 찢어 놓을 것입니다. 그때 그 작은 죄는 점점 커지는 것입니다. 두려움을 느낄 때 – 작은 죄건 큰 죄건– 당신은 여전히 죽을 것이라고 느낍니다. 당신은 어떻게 해야 할까요? 우선 가장 상심한 곳과 죄에서부터 시작하세요.

"대저. 나는 내 죄과를 아오니 내 죄가 항상 내 앞에 있나이다"(시 51:3).

주님, 저는 저를 비웃는 저의 죄를 봅니다. 제가 죄를 지은 것을 인정합니다.

지금 당신의 잔은 비어 있으며 당신의 모든 선함도 사라져 버렸습니다. 우유를 쏟아버리고 쓰레기로 잔을 채웠다고 느낍니다. "하나님이여 주의 인자를 좇아 나를 긍휼히 여기시며"(시 51:1). 당신에게 필요한 것은 하나님의 자비가 아니겠습니까? 주님 나를 지금 정죄하지 마소서. 당신의 잔을 정결케 해야 합니다.

"주의 많은 자비를 좇아 내 죄과를 도말하소서"(시 51:1).

주님, 저는 주님께 저의 잔을 듭니다.

그렇습니다, 다른 어떤 것보다 더 당신에게 필요한 것은 순결함입니다.

"우슬초로 나를 정결케 하소서 내가 정하리이다 나를 씻기소서 내가 눈보다 희리이다"(시 51:7).

마음이 상할 때, 인간은 행복을 원합니다. 죄 짓기 전에 가졌던 평화를 원하는 것입니다.

"주의 구원의 즐거움을 내게 회복시키시고 자원하는 심령을 주사 나를 붙드소서"(시 51:12).

주님, 저는 다시 행복해지고 싶습니다.

죄가 억누를 때 하나님께서 결코 당신을 다시금 사용하시지 않을 것이라고 느껴질 겁니다. 결코 다시 하나님을 섬기지 못하게 될 것이라 생각합니다. 그러나, 용서와 더불어 다시 섬길 수 있는 회복이 찾아옵니다.

"나를 주 앞에서 쫓아내지 마시며 주의 성신을 내게서 거두지 마소서 그리하면 내가 범죄자에게 주의 도를 가르치리니 죄인들이 주께 돌아오리이다"(시 51:11, 13).

주님, 저는 주님을 섬기기 원합니다. 저를 사용해 주소서.

기도 – 범죄한 후 하나님과의 교제를 회복하려 애쓰는 것

여호와여, 주님의 사랑으로 저를 긍휼히 여기시며

주님의 자비로 저의 죄를 도말하시고

저의 죄를 말갛게 씻으소서

그러면 제가 깨끗해질 것입니다

저는 저의 흉악한 행위를 알며

저의 마음에서 죄를 지울 수 없기 때문입니다

제가 주님과 다른 사람에게 죄를 지었습니다

악한 일을 할 때

유죄를 선언하시는 주님은 절대적으로 옳으시며

주님의 처벌은 의로우십니다

저는 죄인으로 태어났고

태어나면서부터 죄를 지었지만

주께서는 우리가 마음으로 신실하기를 원하심은

거기가 우리와 교제하는 곳이기 때문입니다

죄에서 정결케 하사 저를 정결하게 하시고

씻으사 흰 눈보다 더 희게 하소서

저는 전과 같이 행복해지기 원합니다

저의 깨어진 영혼을 다시 회복하기 원합니다

저의 죄에서 주의 얼굴을 돌리시고

죄악으로부터 양심을 정결케 하소서

오, 하나님이여, 제 안에 정결한 마음을 창조하시며

올바른 영혼을 새롭게 하소서

저를 주님 앞에서 쫓아내지 마시며

성령을 거두지 마소서

구원의 즐거움을 회복시키시고

순종할 수 있게 새로운 영을 주소서

그러면 저는 죄인들에게 어떻게 구원받았는지를 말하겠고

그들이 주님께 돌아올 것입니다

† 아멘

※ 다윗이 밧세바와 간음한 후, 나단 선지자가 왔을 때 다윗이 지은 시편

거짓말하는 자는 심판하시나 백성은 돌보시는 하나님을 인정하는 기도

여호와여, 악한 자는 자신들의 죄를 자랑하지만

오, 하나님이여, 주님의 은혜는 계속 됩니다

그들은 더욱 악한 것을 계속 생각하며

거짓된 혀는 철저하게 저를 칩니다

그들은 순종보다 불순종을 더 사랑하며

진실을 말함보다 거짓을 말합니다, 셀라!
그들은 거짓말로 사람들을 상하게 해서 커다란 즐거움을 얻으니
그들의 혀는 항상 거짓을 자연스럽게 말합니다

오, 주여, 당신은 거짓의 사람들을 파괴하실 것이니
당신 앞에서 그들을 멀리 하실 것입니다
그들은 영생을 얻지 못할 것입니다, 셀라!
주님을 따르는 자는 주님이 하시는 것을 볼 것이며
주님이 죄 뒤에 숨는 사람들을 심판하실 때
주님의 행하심으로 놀라게 될 것은
그들이 주님께 순종하지 않기 때문입니다
주여, 저는 주님의 집에서 자라는
단지 작은 나무에 불과하지만
저는 주님의 끊임없는 사랑과
저를 영원히 보호하신다는 것을 믿나이다
제가 주님을 영원히 예배할 것은
주님이 저에게 행하신 것 때문입니다
저는 주님을 찾는 사람에게 주시는
주의 임재하심의 친밀함을 찾을 것입니다

† 아멘

※ 다윗의 교훈의 시, 에돔 사람 도엑이 사울에게 와서 다윗이 아비멜렉의 집에 왔었음을 말했을 때

백성을 구원하시며 죄인을 심판하시는 하나님께 감사드리는 기도

여호와여, 어리석은 자만이 주님은 존재하지 않으신다고 말하며
자신이 악하니 선을 행하는 자는 없다고 말합니다
주여, 주님이 하늘에서
영적으로 깨닫는 자가 있는지
주님을 찾는 사람이 있는지를 내려다보시나
죄에서 떠나 주님께 돌아오는 사람이 없으며
죄는 그들의 생각을 타락시켰으므로
선을 행하는 사람이 아무도 없습니다
주여, 죄인이 자신의 죄를 깨닫지 못합니까?
그들은 결코 주님을 부르지 않으며
주께서 죄로 그들을 심판하실 때
비교할 수 없이 두렵게 하실 것은
그들은 주님을 멸시했기 때문입니다
주여, 구원을 보내 주셔서 백성 이스라엘을 구원하시며
갇혀 있는 그들을 꺼내시고 예루살렘으로 이끄소서
그들은 기쁨으로 소리칠 것입니다

†아멘

※ 다윗의 교훈의 시편

대적들에 대한 하나님의 심판과 그들로부터 구원을 구하는 기도

여호와여, 오셔서 저를 구원하시며

주님의 힘으로 변호해 주소서

저의 간구에 귀를 기울이시며

기도하는 것을 주소서

외인[5]이 저를 치려고 밖에 있기 때문입니다

그들은 저를 파괴하려 하니

그들은 주님의 규례를 상관치 않습니다, 셀라!

여호와여, 주님께서는 저를 돕는 사람들을 도우셔서

과거에 저를 구원하셨습니다

대적이 계획한 악한 일들을 자신들이 겪게 하시고

주님의 말씀으로 그들을 심판하소서

그러면 저는 주님께 아낌없이 희생을 드릴 것이며

주님의 선하심을 찬양할 것입니다

주님은 저를 고통에서 건지실 것이기 때문에

대적이 패하는 것을 볼 것입니다

†아멘

※ 십 사람들이 사울에게 와서 말하기를 다윗이 우리 곳에 숨지 아니하였나

이까 하던 때에 다윗의 교훈시

시편 55편
친구였던 대적을 파멸시키기 위한 기도

여호와여, 주님께 말하는 저의 기도를 들으시며

저의 애원에서 자신을 감추지 마소서

오셔서 저의 간구를 들으소서

저는 이 일로 번민하고 있습니다

저에 대해 말하고

엄청나게 압박하고 있으며

죄를 지었다고 고소하고 있습니다

저의 가슴은 이 문제로 아파하고 있어서

죽음의 두려움을 느낍니다

저의 온 몸이 두려움 때문에 떨고 있는 것은

죽을 것 같기 때문입니다

오, 주여, 새처럼 날개를 가졌다면

이 문제로부터 피해 멀리 날아갈 것이며

---

5) 이 책과 NIV에서는 Stranger로 표현된 것을 개역한글판을 따라서 외인으로 번역했음.

숲속으로 도망갔을 것입니다

저는 이 고통에서 신속히 벗어났을 것이며

거기서 저는 이 폭풍에서 안식을 얻었을 것입니다, 셀라!

오, 주여, 그의 하는 말 때문에 저의 대적을 파멸하소서

그는 미움과 폭력을 자극하고 있으며

밤낮으로 그는 소문을 퍼뜨리고 있습니다

가는 모든 곳에서 다툼을 일으키고 있으니

죄로 동기부여를 받습니다

그는 거짓말과 속임으로 죄를 덮어버립니다

저의 고통이 바깥 대적에서 왔다면

더 잘 대응할 수 있었을 것입니다

미워하는 사람에게서 온 것도 아닙니다

왜냐하면 그렇다면 제가 그 문제를 잘 다룰 수 있었을 테니까요

저의 고통은 제가 친구라고 생각한 사람

내부 사람에게서 왔습니다

저의 마음을 이 친구에게 열어 보였으며

예배도 함께 드렸나이다

주여, 제가 기도하는 것은 그가 죽어서

저의 눈앞에서 떠나 빨리 땅에 묻히고

더 이상 문제를 일으키지 않기를 원합니다

오, 주여, 주님을 부르는 것은

주님이 저를 구원하실 것을 알기 때문입니다
밤과 아침과 정오에도 주님께 기도하는 것은
주님이 저의 기도를 들으실 것을 알기 때문입니다
저를 대적하는 많은 사람들이 있다 하더라도
주님은 제게 이 고통 가운데 평안을 주셨습니다

주님, 주님께 드리는 특별한 간구가 있으니
대적이 제가 겪었던 고통을 겪게 하소서, 셀라!
그는 주님이나 주님의 처벌을 두려워하지 않는데
자신의 죄를 깨닫지 못하기 때문입니다
대적이 자신을 친절하게 대접한 주님의 백성들을 공격하며
관대한 법을 모두 어겼습니다
대적의 말은 버터와 같이 부드러웠지만
저를 죽이려고 그의 마음에 계획했습니다
그의 말은 기름처럼 부드러웠지만
등 뒤에서 저를 찌르려고 계획했습니다

주여, 주께 저의 짐을 맡기는 것은
주님이 저를 지키실 것을 알며
주님은 의인이 파괴되는 것을 결코 허락하지 않으실 것이기 때문입니다
주여, 저의 대적을 파괴하시고 죽이소서
그가 자기 명에 못살게 하소서
저의 간구를 주님이 행하실 것을 믿습니다

† 아멘

※ 다윗의 교훈의 시편

시편 56편
특별한 대적으로부터 보호를 구하는 기도

오, 여호와여, 위험에 처한 저에게 자비를 베푸소서
대적이 저를 파괴하려 하기 때문입니다
그는 저를 매일 억압하며
계속 저를 죽이려 하고 있습니다
오, 주님 가장 높은 이시여, 저를 반대하는 사람이 많습니다

매우 두려울 때
저는 주님의 보호를 신뢰할 것이며
주님의 말씀을 높일 것입니다
왜냐하면 그것이 저를 보호할 것이기 때문에
저는 대적이 할 수 있는 것을 두려워하지 않을 것입니다

매일 그는 저의 말을 비꼬며
모든 것을 사용해서 저를 대적합니다
대적은 자신을 돕는 사람들을 해하며
저를 파괴할 길을 찾으면서

등 뒤로 가만히 옵니다

주여, 그가 죄를 모면하지 못하게 하시며
진노로 그를 심판하소서
주여, 주님을 묵상하는 것을 아시오니
이 문제에 대한 저의 눈물을 잊지 마소서
제가 주님께 부르짖을 때, 대적이 멈추었으므로
저는 주님이 저를 위하시는 것을 압니다
저는 보호를 구하며 주님을 신뢰했으며
그들이 저에게 할 수 있는 것을 두려워하지 않을 것입니다
오, 주여, 이 일을 하기로 약속했었는데
그것은 안전을 주시는 주님을 찬양하는 것입니다
주님은 저를 파괴에서 보호하셨기 때문입니다
주님은 저를 악한 자에게서 지켜 주셨고
주님은 주 앞에 살게 하셨습니다

† 아멘

※ 블레셋이 가드에서 다윗을 공격할 때, 다윗이 돌에 새긴 시편

대적이 공격할 때 하나님을 영화롭게 하는 기도

오, 여호와여, 자비를 베푸시고 자비를 베푸소서

저를 보호하시는 주님을 신뢰하오니
저의 고통이 지나가기까지
주님의 날개 그늘 아래 피할 것입니다
오, 하나님이여, 가장 높으신 이여 주님께 부르짖는 것은
주님은 저를 위한 주님의 계획을 이루시기 때문입니다
하늘에서 도움을 보내사
저를 파괴시키는 대적에게서 저를 구원하셨습니다, 셀라!
사랑과 신실함을 저에게 보여 주셨습니다

저는 배고픈 사자들에게 둘러싸여 있으며
위험한 대적 가운데 누워 있으니
저희 이는 창처럼 뚫으며
혀는 칼처럼 날카롭습니다
오, 하나님이여, 주님은 하늘보다 더 높으시니
주님의 영광은 온 땅 위에 빛나십니다
대적이 저를 위해 덫을 팠사오니
저는 눌림으로 낙망했습니다
그는 제가 빠질 구멍을 팠으나
자신이 빠졌습니다, 셀라!

오, 하나님여 저는 주님께 신실할 것이며
신실하게 찬양할 것이고 주님을 예배할 것입니다
저는 주님을 찬양하기 위해 일찍 일어날 것이며

수금과 노래로 주님을 찬양할 것입니다
저는 불신자들 중에서 주님을 찬양할 것이며
믿는 자들 가운데서도 주님을 찬양하는 것은
주님의 사랑은 하늘까지 이르며
주님의 신실함은 구름까지 이르기 때문입니다
오, 하나님이여, 저는 하늘 위에 계신 주님을 찬양하오니
주님의 영광이 온 땅 위에 흘러넘치게 하소서

†아멘

※ 다윗이 동굴에서 사울을 피할 때, 다윗이 돌에 새긴 시편

적들이 승리하려 할 때 대적을 파멸해 주시도록 구하는 기도

여호와여, 대적에게서 저를 구원하시며
공격하는 자에게서 저를 보호하소서
죄를 행하는 자에게서 저를 구원하시며
사악한 자에게서 저를 보호하소서

그들은 저에게 덤벼들려 하며
그들은 강해서 저를 파괴할 수 있습니다
그들은 죄를 판결하지도 않고
저에게 죄가 있어서 벌하려 하는 것이 아닙니다

그들은 저의 잘못을 개의치 않습니다
오, 주여, 제게 오셔서 저를 보호하소서
주여, 주님은 싸우는 천사들의 하나님이시니
오, 주여, 오셔서 경건하지 않은 자들을 파괴시키소서
반드시 처벌받게 하소서

그들은 어두워진 후에 주위를 몰래 다니며
두렵게 하려는 개처럼 짖습니다
입으로 이상한 소리를 내며
그들의 소리를 듣는 사람이 없다고 생각합니다

그들은 저를 죽이려는 의도에 대해 사람들에게 말하지만
어떤 사람도 알지 못한다고 생각하니
오, 주여, 주는 그들을 비웃으실 것이며
경건치 못한 자들을 당황하게 하실 것입니다

대적이 강하니
주의 보호를 받으려고 주를 바라봅니다
오, 주여, 주님은 자비로 행하실 것이며
대적이 보응받는 것을 보게 하실 것입니다

악한 자를 속히 멸하시면
경건한 사람은 만족하게 될 것입니다

주님의 능력으로 지금 그들을 흩으시며
천천히 그들을 벌하소서, 오, 주님, 저의 보호자여

대적이 자신의 입의 말로 죄를 범하며
화내며 자랑하고 저주합니다
심판 중에 주님의 분노를 보이셔서
야곱의 하나님께서 이 땅을 다스리시는 것을 알게 하소서

그들이 매 맞은 개처럼 낑낑거리며 울게 하소서
그 개는 도시의 거리를 집 없이 배회하며
쓰레기통에서 음식을 먹고
결코 좋은 음식으로 만족하지 못할 것입니다

주님의 능력을 크게 노래하는 것은
모든 이가 제가 주님의 자비를 찬양하는 것을 아침에 들을 것입니다
주님이 저를 위험에서 보호하셨으므로
저는 고통에서 주님 안에 안전함을 찾았습니다
제가 주님께 노래합니다, 오, 저의 보호자시여
주님은 저의 보호자십니다, 오, 자비의 하나님이시여

†아멘

※ 다윗에 의해 돌에 새겨진 시편

하나님께서 행하실 때 찬양하며 대적을 멸하는 기도

오, 하나님이여, 저의 대적에게서 저를 구원하시며

공격하는 자에게서 저를 보호하소서

주님을 거역하는 자에게서 저를 구원하시며

살인자들에게서 저를 구원하소서

그들은 매복해 저를 습격하려고 계획하고 있으니

이 광포한 사람들은 저를 기다리고 있습니다

비록 제가 그들에게 아무것도 한 일이 없고

무죄하지만 저를 죽이려 합니다

오셔서 진퇴양난을 보시고 저를 도우소서

오, 주님 전능자 하나님이여, 이스라엘의 하나님이여

일어나서 법 없는 자를 벌하소서

그들에게 조금도 자비를 보이지 마소서, 셀라!

그들은 밤에 먹이를 찾아 주위를 배회하며

배고픈 개처럼 덫으로 잡으며

해롭고 위협적인 말을 내뱉습니다

그들은 어떤 사람도 자신들을 상하게 할 수 없다고 생각합니다

여호와여, 주님은 그들을 비웃으시니
경건치 못한 이방인을 비웃습니다
주님이 저의 힘이시므로 주님을 기다리니
오, 하나님이여, 주님은 저의 보호자이십니다

오, 사랑하는 하나님이여, 오셔서 저를 도우소서
대적을 이기게 하시되
그들을 즉각 죽이지는 마소서 오, 주여
그들을 주님의 임재로부터 흩으시며
그들을 천천히 벌하소서 오, 주여, 나의 방패시여
그들이 추잡한 것을 말하니
저주하고 입으로 거짓을 말합니다
그들의 말로 그들을 정죄하시며
분노로 파괴하시고
완전히 없애 버리소서
모든 사람이 주께서 이스라엘을 통치하신다는 것을 알게 될 것입니다
셀라!

밤마다 저의 대적이 먹이를 찾아 배회하며
배고픈 개처럼 덫을 놓습니다
그들에게 먹을 것을 먹게 하시고
그들이 배고플 때 짖게 하소서
저는 주님의 능력을 노래할 것이며

아침마다 저는 주님의 사랑을 노래할 것이니

주님은 저의 대적에게서 저를 보호하셨으며

고통의 때에 보호하셨습니다

저는 주님께 노래합니다, 오, 저의 힘이여

주님은 저를 보호하시나이다, 오, 저의 사랑하는 하나님이여

†아멘

※ 사울이 사람을 보내서 그들이 다윗을 죽이려고 집을 엿보고 있을 때, 다윗이 돌에 새긴 시편

시편 60편
돌아오셔서 적들과 싸우는 것을 도와주시기를 구하는 기도

오, 하나님이여, 왜 주님은 저를 돕지 아니하시며

대적이 저를 쳐부수도록 놔두십니까?

주님은 제가 행한 것 때문에 분노하십니까?

돌아오셔서 저를 도우소서

주님은 저의 발 아래 땅을 흔드셨으니

이제 오셔서 견고히 설 땅을 주소서

주님은 제게 어려운 시기를 주셨으며

쓴물을 마시게 하셨습니다

주님을 두려워하는 우리는 주님의 깃발로 다시 모일 수 있으니
진리의 깃발이 휘날립니다, 셀라!

주님의 강한 오른손으로 저를 구원하셔서
제가 구원받게 하소서
주님의 성소에서 주님이 말씀하셨으니
주님의 판결을 기뻐할 것입니다

주님은 백성에게
적절한 유산을 나누어 주셨습니다
세겜, 숙곳의 언덕, 길르앗,
므낫세, 에브라임과 유다
주님은 더러운 물 같은 모압을 버리셨고
에돔과 블레셋은 밟고 서셨습니다

주여, 요새화된 도시 예루살렘 안으로
저를 이끌어 주시며
대적을 멸망시키도록 도울 수 있는 존재가 필요합니다
과거에 저를 거질하셨으며
심지어 주님이 저를 위해 싸워 주시기를 멈추셨더라도
오, 하나님이여, 다시 도와주실 것입니까?

도우사 대적을 멸망시키게 하셔야 하는 것은

사람의 도움으로는 충분하지 않기 때문입니다

오, 하나님이여, 오직 주님을 통해서만 승리하는 것은

주님이 대적을 밟으실 수 있는 분이기 때문입니다

† 아멘

※ 가르치기 위해 다윗이 돌에 새긴 시편; 다윗이 아람 나하라임과 아람소바와 싸우는 중에 요압이 돌아와 에돔을 소금 골짜기에서 쳐서 1만 2,000명을 죽인 때에

시편 61 편
지도자에게 축복과 적들에게서 구원을 위한 기도

오, 하나님이여, 주님께 부르짖을 때 저의 기도를 들으시며

기도할 때 저의 소리를 들으소서

땅의 끝에서부터 부르짖는 것은

마음의 짐이 너무 무겁기 때문입니다

저보다 더 높은 바위로 인도하시며

대적이 거기에 이르지 못하도록 하실 것이기 때문입니다

저는 주님의 성막에서 영원히 살고 싶사오니

주님의 날개는 위험에서 저를 구원하실 것입니다, 셀라!

주님은 저의 서원을 들으시며

유업을 주셨고

주님의 이름을 두려워하는 모든 사람에게 동일한 것을 주십니다

세대를 넘어 왕의 다스림이 이르도록

장수하게 해주소서

주님의 통치를 통해 주님의 사람들을 축복하시며

사랑과 신실함으로 왕을 돌보소서

저는 주님의 이름을 찬양할 것이며

매일 저의 서원을 갚을 것입니다

† 아멘

※ 다윗의 시편

대적이 더 우세할 때 보호해 주시길 구하는 기도

여호와여, 주님이 제게 쉼을 주시기를 기다리는 것은

구원이 주님께로부터 나오기 때문입니다

주님은 저의 바위이며 구원이시며

흔들릴 때 저의 요새입니다

대적이 너무 많사오니

그들은 모두 저를 파괴하려 합니다

그들은 제가 기울고 있는 울타리이며

그 울타리가 무너지려 한다고 생각합니다

그들은 저를 쓰러지게 하려 하며
거짓을 말합니다
면전에서는 저를 축복하지만
마음으로는 저를 저주합니다, 셀라!

오, 하나님이여, 주님 안에서 쉼을 발견하며
저의 소망은 오직 주님께 있사오니
주님은 홀로 저의 바위이며 구원이시며
주님만이 안전한 요새입니다

구원과 소망이 주님께로부터 나오니
안전한 바위에 저를 숨기소서
주여, 저는 항상 주님을 신뢰하니
저의 마음을 주님께 쏟아 놓는 것은
주님이 저의 피난처이시기 때문입니다, 셀라!

주여, 천한 인생이 한낱 한숨에 지나지 않으며
높은 인생도 실로 한 편의 쇼에 출연하는 것에 불과하다는 것을 아십니다
중량계로 무게를 달면
사람은 하나의 호흡에 지나지 않습니다

저는 강탈해서 빼앗은 돈을 신뢰하지 않으며
도적질해서 안전을 얻을 수 없습니다

모든 사람이 부유해진다고 하더라도
돈은 제 인생의 목적이 되지 않을 것입니다

저에게 한때 말하시는 것을 들었으니
주님이 모든 능력을 가지고 계시는 것을
저에게 다시 말하실 필요가 없습니다
오, 주여, 저를 향한 주님의 사랑은 끝이 없으며
각 사람이 행한 대로
모든 사람에게 갚으실 것입니다

† 아멘

※ 다윗의 시편

경배하는 것에서 기쁨을 느끼는 기도

오, 하나님이여, 주는 저의 하나님이십니다
매일 아침 주님을 찾는 것은
저의 영혼이 주님을 갈망하기 때문입니다
제 안에 모든 것이 주님을 갈망하며
아무도 없는
사막에서 물을 찾는 것처럼
저는 성소에서 주님을 보았으며

주님의 능력과 영광을 느꼈습니다

주님을 계속 찬양하는 것은

저를 향한 주님의 사랑 때문에

살아 있는 한 주님을 찬양할 것입니다

예배 중에 제 손을 주님께 드는 것은

돈이나 음식보다 주님이 더 저를 만족시키시기 때문입니다

기쁜 마음으로 주님을 찬양할 것이며

침대에서 누워서도 주님을 묵상할 것이니

온 밤 동안 주님에 대해서 생각할 것입니다

주님이 많은 방법으로 저를 도우셨기 때문입니다

저는 주님의 날개 그림자를 기뻐하며

주님 곁에 가까이 걸을 것입니다

주님의 강한 오른손은 저를 안전하게 하실 것입니다

저를 파괴하기 위해 계획하는 사람들은

죽을 것이고 묻혀질 것입니다

그들은 칼로 죽을 것이며 동물이 그들의 남은 것을 먹을 것입니다

왕은 하나님을 기뻐할 것이며

그에게 충성된 사람들은 기뻐하지만

거짓말쟁이들은 입을 다물게 될 것입니다

✝아멘

※ 다윗이 유다의 광야에 있을 때 다윗의 시편

대적에 대해 승리를 구하는 기도

오, 하나님이시여, 저의 간구를 들으시며
대적이 저를 두렵게 하지 못하게 하소서
음모가 성공하지 못하게 하시며
배도에서 저를 보호하소서

칼처럼 혀를 날카롭게 하며
화살처럼 저를 향한 말을 자르는 것이 그들의 목표입니다
결과나 보복은 생각해 보지도 않은 채
무죄한 자들을 고소하며 악을 씁니다

대적은 저를 공격하려고 서로 힘을 합치며
속이는 올무를 계획합니다
그들은 누구도 알지 못할 것이라고 생각하면서
창조적인 생각과 악한 마음을 사용하며
저를 속이는 덫을 고안하면서
완벽한 계획이라고 스스로 대견해합니다

여호와여, 주님이 그들을 쏘실 때
그들은 갑자기 상처를 입을 것이며

그들의 거짓말이 자신들에게 돌아오게 될 것입니다
그들의 모든 지지자도 그들을 버릴 것입니다

모든 이는 그때 저의 하나님, 주님을 두려워할 것은
그들이 주님이 행하신 것을 깨달을 것이기 때문입니다
의인은 주님을 기뻐할 것이며
백성들은 주님을 찬양할 것입니다

†아멘

※ 다윗의 시편

하나님의 공급하심과 시온에서 그분의 임재를 구하는 찬양의 기도

여호와여, 주님을 찬양하는 시온에 도달할 때까지 기다리지 못할 것 같으나
저는 주님께 저의 서약을 지킬 것입니다
주님이 우리의 기도를 들으셨기 때문에
모든 사람이 주께로 나아올 것입니다

저의 마음은 죄로 인해 압도된 것 같지만
주님은 저를 계속 용서하셨습니다

주님이 선택한 사람은 축복을 받으며

주님의 임재로 들어갑니다

그들은 주님의 전에 들어가며

주님이 선하시기 때문에 만족할 것입니다

거룩한 성전에 계시지만

주님은 놀라운 일로 우리의 기도에 응답하셨습니다

주님은 구원의 하나님이시며

저의 확신의 근원이시니

주님은 훨씬 멀리 있는 자들의 확신이십니다

능력으로 주님은 산을 창조하셨으며

모든 능력으로 자신을 입히셨습니다

주님은 바다의 포효하는 파도를 잠잠케 하셨고

거역하는 이방인을 조용하게 하셨습니다

땅의 끝에 거하는 사람들은 주님을 두려워하니

태양이 뜨고 지는 곳에 기쁨이 있습니다

주님은 땅에 비옥하게 하는 비를 보내시니

우리에게 알곡의 추수를 주기 위해서

하나님의 강은 물을 항상 가지고 있을 것입니다

주님은 갈아 놓은 들판에 비를 내리시니

고랑마다 빗줄기로 촉촉하며

봄마다 축복하셔서 새롭게 성장합니다
좋은 수확으로 마무리하게 하시며
수확을 주시려고 들판에서 일하십니다

광야는 우리를 위해 좋은 것을 키워 주며
완만한 언덕들이 음식을 주어서 기뻐하게 합니다
목장은 동물의 무리로 가득차 있으며
골짜기는 곡식으로 가득차 있습니다
자라나는 만물들은 기쁨으로 노래 부릅니다

† 아멘

※ 다윗의 시편과 노래

용서해 주심과 공급하심에 대한 감사의 기도

오, 하나님이여, 주님께 기쁘게 찬양하며
다른 사람과 함께 기쁘게 찬양합니다
저는 주님의 이름을 영화롭게 하려고 크게 찬송하니
주님께 드리는 찬양을 영광스럽게 하소서
오 하나님이시여, 주님의 말씀은 능력 있고 경외할 만한 것이니
대적은 주님을 인정하며
모든 땅이 주님을 경배할 것이며

주님의 이름을 노래할 것입니다, 셀라!

모든 사람이 주님의 기이한 일,
인류의 자손들에게 하고 계신 것을 보게 하소서
주님은 홍해를 건조한 땅으로 바꾸시며
자녀들은 걸어서 거기를 건넜으며
모든 걸음마다 주님을 기뻐했습니다
주님은 능력으로 항상 다스릴 것이며
인류가 하는 모든 것을 보고 계십니다
반역자가 자신들을 높이지 못하게 하소서, 셀라!
모든 사람들이 주님을 축복합니다, 오 나의 하나님
그들의 찬양하는 소리를 들으소서

우리의 생명은 주님의 손에 있으니
빗나가지 않도록 주께서 우리 걸음을 인도하셨기 때문입니다
주님은 우리를 철저히 시험하셨으니
은이 정제되듯이 주님은 우리를 정결케 하셨습니다
주님은 우리를 그물에 두셨고
포로로서 주님을 섬기게 하셨습니다
그들이 우리를 밟고 지나가게 하셨으며
주님이 우리를 불과 물로 시험하셨으니
우리를 부유한 곳으로 인도하셨습니다

이제 저는 번제로 주님의 임재로 들어갑니다

저는 주님께 한 서약, 즉

제가 어려움을 겪을 때

제가 공공연하게 한 그런 약속을 지킬 것입니다

이제 저는 주님께 찬양의 제사를 드리며

제가 가진 모든 것을 주님께 드릴 것입니다

주님께 제 인생의 가장 좋은 것으로 예배할 것입니다, 셀라!

주님을 두려워하는 모든 사람이 와서 주님의 선함을 듣게 하소서

주님이 행하신 것을 그들에게 말할 것입니다

도움을 위해 주님께 부르짖었으니

저의 부르짖음은 정말로 주님을 예배하기 위해서였습니다

저의 생각이 죄로 움직였다면

주님은 저의 소리를 듣지 않았을 것입니다

그러나 제가 부르짖을 때 주님은 저의 소리를 들으셨습니다

주님은 저의 간구에 귀를 기울이셨습니다

주님이 저의 기도를 무시하지 않으며

끝까지 저를 사랑해 주시니 주님을 찬양합니다

† 아멘

※ **시편의 노래**

다가오는 왕국의 복을 구하는 기도

하나님이여, 자비를 베푸시고 축복하시며
주님의 얼굴을 우리에게 비추소서, 셀라!
주님의 길이 알려지게 하시고
주님의 복록을 사람들이 알게 하소서

그때 모든 사람이 찬양으로 주님을 예배할 것이며
그렇습니다, 모든 사람이 주님을 예배할 것입니다
그때 모든 사람은 기뻐할 것이고 기쁘게 노래할 것임은
주님은 모든 사람을 공평하게 조사하시며
그들을 올바르게 다스리시기 때문입니다, 셀라!

그때 모든 사람은 찬양으로 주님을 예배할 것입니다
그렇습니다, 모든 사람이 주님을 예배할 것입니다
그때 땅에서 대추수가 있는 것은
주님의 임재로 우리를 축복하셨기 때문입니다
그렇습니다, 주님의 임재로 우리를 축복하실 것이며
모든 이는 주님을 신뢰할 것입니다

† 아멘

※ 시편이나 노래

대적에게서 최후 승리를 위한 찬양의 기도

오, 하나님이여, 일어나셔서 대적을 흩으시며

주님을 미워하는 모든 자를 쫓아 버리소서

연기가 바람에 날아가듯이

대적을 멀리 쫓아 내소서

초가 불에 의해 녹아 내리듯

주 앞에 그들이 심판받게 하소서

주님의 자녀는 주님의 임재로 기뻐하게 하시며

굉장히 기뻐하게 하소서

주님을 찬양합니다, 오 하나님이여

하늘을 타시는 주님을 높이며

주님의 이름을 기뻐합니다 여호와여

하나님이시여, 주님은 집 없는 자들의 아버지시며

과부를 보호하는 재판관이시고

모든 사람에게 가족을 주시고

갇힌 자를 자유롭게 하십니다

주님을 거역하는 자는 처벌하십니다

오, 하나님이여, 우리를 광야로 인도하실 때

주께서 우리 앞서 위엄 있게 나아가셨습니다, 셀라!

땅은 주님의 임재 앞에 흔들리며
시내 산도 지진을 일으켰습니다
주님의 백성이 피곤할 때 주님은 새롭게 하는 비를 내리셨으며
그들이 주님의 소유인 것을 확신시켜 주셨습니다
주님의 사람은 주님의 선하심으로 살아가며
주님은 자신을 돌볼 능력이 없는 가난한 자를 돌보셨습니다
주님이 말씀을 주시니
주님이 말씀하신 것을 다른 사람에게 말해 주고 싶어합니다

왕의 군대들이 주님께로부터 도망치니
가족들을 위한 많은 전리품이 생겼습니다
주님의 백성이 가난하고 굶주렸다 하더라도
주님은 그들에게 먹을 새들을 주셨고
그들은 마치 은과 금을 가졌을 때처럼 만족스러웠습니다
주님이 그들이 먹을 만나를 뿌리시자
땅은 하얀 눈만큼이나 희었습니다
주님이 거하시기로 선택하신 언덕은
모든 산 가운데서 높임을 받습니다

주님이 영원히 땅 위에 거하기로 결정하셨으니
언덕이 기쁨으로 뛸 것입니다
주님이 시내 산 위에서 영광에 둘러싸이셨을 때
헤아릴 수 없는 전차와 천사들이 둘러쌌습니다

주님은 높은 곳의 영원한 집으로 올라가셨으며
주님은 갇힌 자의 행렬을 인도하셨습니다
주님의 백성과
거역하는 사람들로부터도 선물을 받으셨으니
이제 주님은 우리 가운데 거하실 것입니다

우리 구원의 여호와, 주를 송축하는 것은
날마다 우리에게 좋은 것으로 주시기 때문입니다, 셀라!
주님은 구원의 하나님이시니
죽음에서 저를 건져내십니다
대적의 계속적인 범죄로 그들을 상하게 하셨고
그들의 머리를 부수실 것이며
그들을 모아 심판하실 것입니다
주님은 깊은 바다에서 그들을 이끌어 오셔서
그들을 완전히 처벌하십니다
주님께 속하는 사람들에게 승리를 맛보게 하실 것입니다

우리는 주님의 승리 행렬을 볼 것이며
주님의 성소로 위엄 있게 행진할 것입니다
성가대의 뒤를 따라 악대들이 주님 앞에서 행진하며
소고를 연주하는 소녀들이 뒤따릅니다
백성들이 주를 찬양하며
성소에서 주님을 찬양합니다

가장 작은 베냐민 지파가 족장들과 함께 들어가며
유다, 스불론, 납달리의 족장들이 뒤따릅니다

하나님이여, 주님이 과거에 하신 것처럼
명하사 주님의 능력을 나타내소서
왕들은 주님과
예루살렘 성전 안의 주님의 임재 앞에 선물을 드릴 것입니다
주님으로부터 숨는 대적들과
땅에서 가장 먼 곳으로 도망하는 사람들을 찾아내셔서
그들이 주님의 권세를 인정할 수 있게 하소서
애굽에서부터 온 지도자들이 주님께 절할 것이며
구스의 지도자들이 주님을 인정할 것입니다

땅의 왕국이 주님께 노래할 것입니다, 셀라!
가장 높은 하늘 위에서 다니는 주님께
목소리로 천둥을 치시는 주님께
찬양할 것입니다
오, 하나님이여, 모든 사람이 주님의 능력을 선포합니다
모든 이가 이스라엘 위의 주님의 위엄과
하늘 위의 주님의 능력을 깨닫습니다
주님은 성소에서 경외할 만한 분이시며
백성에게 힘과 능력을 주십니다

오, 하나님이여 주님을 찬양합니다

† 아멘

※ 다윗의 시편이나 노래

고소하는 자를 심판하시며 고통으로부터 구원하시도록 구하는 기도

오, 하나님이여, 고통의 바다에서 건지소서
저의 머리조차 잠기려 합니다
저는 문제의 수렁 속으로 빠져들고 있으니
기대어 설 만한 견고한 곳이 없습니다
위험한 물에 빠졌으며
저는 거의 익사할 뻔했습니다
도와달라고 외치느라 완전히 지쳐 버렸으며
목소리는 쉬었고 두 눈도 눈물로 부었으며
주님이 구해 주시기만 기다리고 있습니다

대적들은 머리카락보다 더 많으니
이유 없이 저를 파괴하려 하며
제가 훔치지 않은 것을 물어 내라고 강요합니다
여호와여, 당신이 저의 연약함을 아시니

주님 앞에 저의 죄를 숨길 수 없습니다

주님의 백성이 저 때문에 곤란에 빠지지 말게 하소서

주여, 전쟁에 능한 천사들의 하나님이시니

주님을 추구하는 사람들에게 걸림돌이 되지 않게 하소서

주님을 위해서 빈정거림을 참았으며

자존심을 잃어버렸습니다

저의 친구도 심지어는 저를 안다고 말하지 않고

친척들이 제게서 등을 돌리고 있습니다

가장 큰 소망은 주님의 집에 있는 것입니다

당신을 모욕하는 사람들은 대신에 저를 모욕하며

제가 급히 주님을 찾을 때 저를 비웃습니다

제가 기도를 준비할 때 저를 놀립니다

지도자들은 저의 신앙을 계속 조롱하며

술 취한 자는 저를 농담거리로 삼습니다

주님이 결국 제 기도를 들으실 것을 알기 때문에

오 주여, 당신께 계속 기도합니다

주님의 위대한 자비로 저의 소리를 들으시며

모든 고통으로부터 건지소서

진흙 속에 꼼짝없이 빠지게 되었으니 저를 건지소서

고통의 깊은 바다에

더 이상 빠져들지 않게 하시고

저를 미워하는 자에게서 저를 구하소서
환경이 저를 억압하지 못하게 하시며
죽음이 저를 삼키지 못하게 하소서
사랑의 인자하심을 따라
저의 부르짖음에 응답하소서, 오 주여
당신의 얼굴을 제게서 돌리지 마시고
신속히 오셔서 고통에서 저를 도우소서
오셔서 도우셔서 이 어려움을 통과하게 하시며
대적에게서 건지소서

제가 겪는 모욕을 아시며
저의 대적이 말한 것을 주님이 아십니다
그들의 고소는 저를 모욕했고
저의 영혼을 부쉈습니다
도울 사람을 찾지만
누구도 돌아보지 않습니다
오히려 더욱 많은 빈정거림을 받았고
계속 저를 비판했습니다

그들의 음식이 위 속에서 쓰게 하시고
저에게 쌓아올린 분노를 자신들이 느끼게 하소서
자신의 죄 때문에 눈멀게 하시고
너무 약해서 아무 일도 못하게 하소서

주님의 분노를 그들에게 부으시며

행위로 처벌하소서

그들의 집이 영안실 같게 하시고

어떤 사람도 그들과 함께 살지 못하게 하소서

주님이 바르게 하는 사람들을 그들이 욕하기 때문입니다

그들은 당신이 훈련하는 사람들에게 고통을 더합니다

사람의 죄를 발견하려고 주의 깊게 탐구하오니

그들이 용서받지 못하게 하소서

그들의 가족이 이 생명의 책에서 없어지게 하시고

주님을 따르는 자들과 함께 기록되지 않게 하소서

많은 고통을 겪고 있으니

안전한 곳으로 옮겨 주소서

제가 주님의 이름을 찬양하며

감사로 주님을 높일 것입니다

짐승의 제사보다

저의 고통의 열매가 훨씬 주님을 기쁘시게 해주소서

겸손한 자는 주님이 행하시는 것을 인정할 것이며

주님을 찾는 자는 훨씬 더 좋은 삶을 살 것입니다

주님을 찾는 사람들의 소리를 들으시기 때문에

당신을 따르는 자들을 멸시하지 않으십니다

여호와여, 하늘과 땅이 찬양하며

바다와 거주하는 사람들이 높입니다

하나님은 시온 산을 구원하시며 유다의 도시를 재건하시니

주님의 백성이 당신의 땅에서 안전하게 살아갈 것입니다

주님을 따르는 자들의 자녀는 그것을 상속할 것이니

주님을 사랑하는 사람들은 영원히 살 것입니다

† 아멘

※ 다윗의 시편

신속히 오셔서 도와주시기를 구하는 기도

여호와여, 속히 오셔서 저를 구원하소서

지금 저는 주님의 도움이 필요합니다

저를 파괴하는 자들을 혼란케 하시고 곤란하게 하시며

대적하는 그들의 계획을 뒤엎으소서

저에 대해 계획한 것을 그들에게 주소서

저를 비웃고 경멸하고 있습니다

주님의 보호를 구하는 사람들이 주님의 임재 안에서

기쁨을 발견하게 하시고

주님의 구원을 사랑하는 사람들이 주님을 계속 높이게 하소서

저는 가난하고 빈궁하오니

어서 오셔서, 저를 도우소서 오 하나님이여

주님은 저의 구원이시니 오 주님

주저하지 마소서

†아멘

※ 다윗의 기념 시편

자신을 보호할 수 없는 노년에도 계속 보호해 달라는 기도

여호와여, 주님을 신뢰하오니

곤란을 당치 않게 하소서

대적에게서 구원하셔서 의로운 일을 행하게 하시며

저의 기도를 들으시고 구원하소서

보호하심이 있는

주님 안에 저를 숨겨 주시며

저를 구원하라고 명령하소서

주님은 저의 바위이며 보호자시기 때문입니다

오, 하나님이여, 악한 고발자의 지배로부터

저를 구원하소서

주 하나님이여, 주님은 저의 소망이시니

어린 시절부터 주님을 신뢰했습니다

주님은 출생 시부터 저를 보호하셨으니

어머니의 자궁에서부터

항상 주님을 찬양했습니다

제가 많은 사람에게 역할모델이 된 것은

주님이 저의 힘과 보호가 되셨기 때문입니다

모든 사람에게 주님의 빛나는 은혜를 말하며

항상 주님을 찬양합니다

늙을 때 주님의 등을 저에게 돌리지 마시며

힘이 떨어질 때 잊어버리지 마소서

음모하는 대적들이 있으니

저를 파괴하기 원합니다

대적들은 주님이 우리를 버렸다고 생각하므로

해하려 오고 있습니다

어떤 사람도 저를 돕지 못할 것이라고 생각합니다

오, 하나님, 지금 오셔서 저를 도우소서

주님이 필요합니다

배반 때문에 저의 대적을 당황케 하시며

저를 향해 계획하는 것을 그들이 겪게 하소서

저는 항상 주님을 신뢰할 것이며

주님을 더욱 더 찬양할 것입니다

저는 항상 소망을 가질 것이니

살아 있는 한 주님을 찬양할 것이며

주님의 의로움의 날 동안 말할 것입니다

그 의는 제가 측량할 수 있는 것 이상이오니

오, 주 하나님이여, 저는 주님의 능력 안에서 살 것이며

주님과 주님의 의로움에 대해 증거할 것입니다

주님은 젊을 때부터 저의 선생님이셨으므로

오늘까지 저는 주님의 기적적인 일을 모든 사람에게 말합니다

늙어 회색머리를 가지게 되었다고 저를 버리지 마소서

주님의 능력에 대해 다음 세대에게 말하게 하시며

자라나는 세대들이 주님의 기적을 알게 하소서

주님의 의로움은 뛰어나시니

다른 이들이 할 수 없는 놀라운 일을 하셨습니다

주님은 많은 방법으로 저를 고통당하게 하셨으나

저를 무덤에서 부활시키실 것입니다

주님은 저의 생명을 회복하실 것이며

미래에 다시 저를 명예롭게 하실 것입니다

친절하심으로 저를 위로하시며

제가 비파로 주님을 찬양합니다

신실하신 주님 때문에

비파로 찬양할 것은

주님은 이스라엘의 거룩한 자이시기 때문입니다

제가 크게 외치며 기쁨으로 노래할 것은

주님이 저를 구원하셨기 때문입니다

제가 주님의 의로움을 모든 이에게 말할 것은

주님이 저의 대적을 깨뜨리셨기 때문입니다

† 아멘

온 땅을 통치하는 예수님과 다가오는 천년왕국을 위한 기도

오, 하나님이여, 다윗 왕에게 당신의 지혜를 주시며

다윗의 자손 예수에게 의로움을 주소서

그는 주님의 백성을 올바르게 다스리실 것이며

바른 결정을 내릴 것입니다

산은 평화를 즐거워할 것이며

사람은 언덕 위의 의로움을 즐거워할 것입니다

그는 가난한 자에게 호의를 베푸실 것이며

가난한 자의 자녀를 구원하실 것입니다

그는 대적을 파괴하실 것이니

세대를 넘어 존경받으실 것입니다

태양과 달이 지속하는 한 그는 풀 위에 비가 내리듯이

그들을 축복하실 것입니다

땅을 적시는 소나기처럼

의인은 그의 아래서 번성하게 될 것이며

달이 있는 한 평화가 있을 것입니다

그는 바다에서 바다까지

요단 강에서 땅의 끝까지 다스릴 것입니다

광야에서 사는 사람들은 그를 예배할 것이며

그의 대적은 패배할 것입니다

외국의 왕들은 그를 인정할 것이며

아프리카로부터 온 왕들은 그에게 선물을 드릴 것입니다

모든 왕이 그의 앞에 예배하며 절할 것이며

모든 사람들이 그를 섬길 것입니다

고통의 때에서 가난한 자를 구원할 것이며

불행에서 가난한 자를 도우실 것입니다

그는 가난한 자에게 주시며

가난한 자에게 보상하실 것입니다

그는 죽음에서 구원하실 것입니다

그들의 생명은 그에게 귀중할 것입니다

그는 아프리카에서 온 금을 받을 것이며

사람들은 그를 위해 계속 기도할 것입니다

날마다 그들은 그를 찬양할 것이며

다가오는 형통함의 날에

곡식은 모든 곳에서 자라날 것입니다

열매는 모든 곳에 있을 것이며

도시는 번성할 것입니다

그의 이름, 예수는 영원하실 것이며

태양만큼 오랫동안 계십니다

사람들이 그를 송축할 것이며

모든 나라들은 그를 복되다 할 것입니다

이스라엘의 주 하나님, 주님을 찬양함은

놀라운 일을 하시기 때문입니다

예수의 영화로운 이름에 축복이 있사오니

모든 땅이 그의 영광으로 가득 차게 하소서

아멘, 아멘

이것은 이새의 아들, 다윗의 기도로 끝이 납니다

† 아멘

※ 솔로몬의 시편

신실하셔서 거역하는 불경건한 자를 처벌하시며 보상해 주실 것을 인정하는 기도

하나님이여, 주님은 이스라엘에 참으로 선하시니

그들의 마음은 순수합니다

저는 거의 저의 신앙을 포기할 뻔 했고

죄를 범할 뻔했습니다

그들이 형통한 것을 보았을 때

저도 이기적인 사람이 가진 것을 원했습니다

그들은 제가 받는 곤란이 없으며

건강한 육체를 가지고 있습니다

윤리를 상관하지 않으며

매일 문제가 있지도 않습니다

그들은 이기적인 자만심을 자랑하며

폭력으로 마음대로 하기를 멈추지 않을 것입니다

그들은 모든 것을 갈망하며

악한 욕망에는 만족함이 없습니다

그들은 모든 사람을 비웃으며

다른 사람을 자신의 마음대로 하려고 폭력을 사용합니다

그들은 하늘보다 더 크다고 외치며

땅 위에 모든 것이 그들에게 속했다고 생각합니다

그들은 사람들을 속이며

자신들이 말한 모든 것을 믿게 했습니다

"하나님은 모든 것을 알지 못하며

가장 높으신 이는 내가 하는 것을 알지 못하신다"라고 말합니다

주여, 이들은 편안하게 살며

돈 때문에 거만한 사람들입니다

주여 제가 악한 즐거움을 거부했을 때

순결하게 사는 제가 잘못 산 것입니까?

저는 하루 종일 고통을 겪었고

아침마다 저는 다른 시련을 마주칩니다

제가 악한 자의 태도를 가졌다면
주의 자녀를 배신했을 것입니다
악한 자가 왜 형통하는지 이해하려고 노력했습니다만
저는 더욱 더 혼란스러워졌습니다

성소의 주님의 임재로 들어갔을 때에야
그들의 미래를 깨닫습니다
이제야 저는 그들이 미끄러지는 길 위에 있는 것과
그들은 영원한 파괴를 향해 가고 있는 것을 깨닫습니다
그들은 죽을 것이며 순식간에 처벌될 것이며
두려움에 소멸될 것입니다
주여, 그들의 이기적인 욕망을 처벌하기 위해
어느 날 주님은 일어나실 것입니다

주여, 제가 얼마나 독해졌는지
외모도 증오로 망가졌는지를 깨닫습니다
저는 말 못하는 동물처럼 반응하고 있었으며
제가 무엇을 했는지도 모릅니다
그럼에도 불구하고 저는 여전히 주님을 따르니
주님의 오른손으로 항상 저를 붙드셨습니다
모사로 저를 인도하셨으니
어느 날 주님은 저를 영광으로 영접하실 것입니다
하늘에는 주님밖에 없사오니

땅에서 주님 외에 누구도 바라지 않습니다

저의 육체는 약해지고 저의 마음은 약해질 것이나

주님은 저의 인생의 힘이십니다

주님을 따르지 않는 사람은 멸망할 것인데

주님을 거역하는 자를 파괴하실 것이기 때문입니다

주님 곁에 있는 것이 좋아서

저는 주님을 피난처로 삼았으며

모든 사람에게 주님의 일을 말할 것입니다

†아멘

※ 아삽의 기도

하나님의 능력을 깨닫고 대적을 멸하시도록 구하는 기도

주여, 왜 주님은 우리를 버리셨으며

왜 주님은 당신의 목장의 양에 대해 분노하셨습니까?

우리는 주님이 구원하신 백성인 것을 기억하소서

우리에게 유산을 주시려 선택하셨고

시온 산에 거하려 오셨습니다

이제 파괴된 예루살렘을 걸으시며

악인이 주님의 성소를 어떻게 파괴했는지를 보소서

주님이 우리와 만나셨던 장소에서 대적이 승리를 외쳤으며

그들은 주님이 한때 거하시던 장소를 점령했습니다

마치 작은 숲같이
그들은 도끼로 주님의 성소를 부수었으며
도끼와 전쟁 해머로
아름답게 새긴 성물을 부수었습니다

그들은 성소를 불로 태웠으며
주님의 이름이 거하신 장소를 모독했습니다
속으로 "이 장소를 완전히 파괴합시다"라고 말하며
그들은 땅에서 주님이 예배 받으시던 모든 다른 장소를
파괴했습니다

주여, 주님의 기적들이 어디 있습니까
주님은 예언자들을 남겨 두지 않습니까?
우리는 무엇을 해야 할지 모르겠습니다
주여, 얼마나 오랫동안 대적이 주님을 모욕했습니까
주님은 영원히 당신에게 수치를 주도록 내버려 두실 것입니까?
왜 주님은 주님의 심판의 손을 감추고 계시며
왜 주님은 그들을 파괴하지 않으십니까?

오, 하나님이여, 주님은 항상 왕이셨으며
주님은 땅에 구원을 주십니다

주님은 주님의 능력으로 홍해를 가르시며

주님은 바다 생물의 머리를 부수십니다

주님은 리워야단의 머리를 부수셨고

다른 동물들이 그것을 먹게 하셨습니다

주님은 주님의 백성이 바위에서 물을 마시게 하셨고

능력의 요단 강물을 멈추게 하셨습니다

밤뿐만 아니라 낮도 주님의 것이며

주님은 빛을 창조하셨고 우리에게 태양을 주셨습니다

주님은 땅의 경계를 만드셨고

여름과 겨울을 만드셨습니다

어떻게 주님의 대적이 당신을 모욕하는지 보소서

이 미련한 자들은 주님의 이름을 욕합니다

무죄한 비둘기가 맹수들에게 먹히지 않게 하시며

주님의 학대받는 백성이 산 채로 잡아먹히지 않게 하소서

어두움의 때와 폭력이 우리를 위협하니

주님이 주님의 백성과 맺은 언약을 기억하소서

우리가 수치로 물러가지 않게 하시며

가난한 자가 주님의 이름을 찬양하기 원합니다

오, 하나님이여, 일어나셔서 주님의 목적을 보호하셔야 함은

이 어리석은 사람이 주님을 욕하고 있기 때문입니다

대적의 위협을 무시하시면 안 되는 것은

그들의 반항이 점점 더 거세지고 있기 때문입니다

†아멘

※ 아삽의 교훈 시편

시편 75편
겸손한 자를 보호하시며 악한 자를 처벌하신다는 것을 깨닫는 기도

주께 감사합니다, 오 하나님이여
주님이 가까이 계셔서
주님의 놀라운 일을 말씀해 주셔서 감사합니다
주님은 사람들을 영접하실 것이며
공평하게 사람들을 심판하실 것입니다
지진이 모든 인간 질서를 파괴할 때
주님은 만물을 붙드실 것입니다, 셀라!

주님은 거만한 자에게 자랑하는 것과
악한 자에게 범죄함을 멈추라고 말씀하셨습니다
주님은 거만한 자에게 겸손하라고 말씀하셨고
그들의 목을 주님을 향해 뻣뻣이 들지 말라고 하십니다

높임이 동이나 서로부터 오지 않으며
남쪽에서 나오지도 않기 때문입니다

사람의 마음을 아시는 분은 주님이시니

주님은 어떤 사람은 낮추시지만 어떤 사람은 높이십니다

주님의 손에 심판의 잔이 있는데

그 잔은 심판으로 끓어오르고 있습니다

주님은 모든 사람에게 그 잔을 부으시나

악한 자는 심판의 무서운 잔의 마지막 남은 찌꺼기까지 마셔야 합니다

저는 주님이 하신 일을 모든 사람에게 말할 것이며

주님을 찬양할 것입니다, 오 하나님이여

주님은 악한 자의 자랑을 없애시지만

경건한 자는 높임을 받을 것입니다

† 아멘

※ 아삽의 시편이나 노래

배도를 심판하시는 하나님을 찬양하는 기도

하나님이여, 주님의 이름은 온 유다에 일린 바 되셨으며

주님의 이름은 온 이스라엘에서 크게 존경받으십니다

주님의 장막이 평화 중에 펼쳐지며

주님은 시온 산에 거하십니다

거기서 주님은 우리를 향한 공격을 멈추시니

우리 스스로를 보호할 필요를 느끼지 못합니다, 셀라!

주님은 빛보다 더욱 영화로우시며

산보다 더 뛰어나십니다

강한 용사도 죽임을 당하며

마지막 잠을 잡니다

누구도 전쟁 중에 손을 들 수 없습니다

오, 야곱의 하나님이여, 주님이 꾸짖으셔서

모든 전쟁의 위험들은 잠잠해집니다

주님은 두려워해야 할 유일한 분이시니

어떤 사람도 주님의 분노 앞에 설 수 없습니다

주님은 하늘에서 판결을 선포하셨고

땅이 두려워서 조용하게 그것을 들었습니다

주님을 신뢰하는 사람들을 모두 구원하기 위해

심판 중에 일어나셨기 때문입니다, 셀라!

사람이 분노해서 거역할 때

그들을 향한 분노를 억누르지 않고 쏟으셔서

찬양받으실 것입니다

오, 주 하나님이시여, 주님께 한 서약을 지킬 것이니

우리 모두가 주님께 드리는 선물을 받으소서
저는 주께서 통치자들의 배도를 부숴 뜨릴 것이며
그들은 모두 심판을 두려워하리라는 것을 알고 있습니다

† 아멘

※ 아삽의 시편이나 노래

구원을 위한 기도

오, 하나님이여, 도와달라고 부르짖으며
저의 기도에 귀 기울이시도록 주께 간구했습니다
주여, 고통의 날에 주님을 찾았으니
밤에 잘 수 없었고
편안할 수 없었습니다

주님이 하실 수 있었던 일을 생각하니
제 영혼은 고통에 압도되었습니다, 셀라!
저는 고통 때문에 밤에 잘 수 없었으며
너무 염려가 많아서 기도할 수 없었습니다
저는 주님이 어떻게 항상 주님의 사람을 도우셨는지
주님이 행하셨던 것을 기억했습니다
밤에 노래할 때

어떻게 주님의 임재를 묵상했었는지 기억했습니다

왜 주님은 저를 멀리 던지셨습니까?
주님은 언제쯤 저에게로 다시 되돌아오실 것입니까?
주님의 자비는 완전히 소모되었습니까?
주님은 당신의 약속을 다시 지키실 것입니까?
주님은 어떻게 은혜롭게 되시는지를 잊어버리셨습니까?
주님의 분노가 당신의 자비를 닫으셨습니까? 셀라!

당할 만한 가치가 있다고 결론을 내렸고
저는 주님의 오른손이 저를 도우셨던 시간들을 기억하며
주님의 모든 일들을 묵상할 것이며
주님이 과거에 하신 모든 기적들을 기억할 것입니다

주님은 성소에 여전히 거하십니다, 오, 하나님이여
어떤 사람이 만든 신도 주님만큼 위대하지 않습니다
주님은 기적을 행하시는 하나님이시며
주님의 백성 가운데서 능력을 보여 주셨습니다
주님은 야곱과 요셉의 자손, 즉
주님의 백성을 구원하셨습니다

홍해는 주님 앞에 떨렸으니, 오 하나님이여
주님의 명령을 순종할 준비가 되었습니다

비구름은 우리 대적 위에 쏟아졌으며

천둥은 포효하고 번개는 쳤습니다

주님의 심판은 회오리 바람 속에서 들렸고

주님은 번개로 밤을 밝히셨습니다

땅은 지진으로 흔들렸으니

주님은 주님의 백성을 홍해를 통과해 인도하셨습니다

어떤 사람도 주님의 발자국을 보지 못했다 하더라도

주님은 양무리처럼 주님의 백성을 인도하셨고

모세와 아론의 손으로 인도하셨습니다

† 아멘

※ 아삽의 시편

이스라엘은 신실하지 않았는데도 신실하셨던 하나님을 깨닫는 기도

여호와여, 백성이 주님의 가르침에 귀 기울여서

당신이 말씀하시는 것을 듣기 원합니다

주님은 비유로 그들에게 말씀하시며

옛적부터 은밀한 방법으로 교통하시기 때문입니다

우리가 들은 것과 안 것과

우리의 선조가 말해 준 교훈들을

우리의 자손에게 숨기지 않을 것이며

주님의 행하신 기이한 역사하심에 대한

합당한 찬양에 대해서

다가올 세대에게 말할 것입니다, 오 주여

주님이 야곱의 간증을 만들어 주시며

이스라엘의 법을 정하셨습니다

그때 주님은 우리의 선조에게 명령하셔서

자손에게 가르치도록 하셨습니다

그래서 다가올 세대와 심지어 아직 태어나지 않은 그들의 자손조차도

그 법을 알 것입니다

오, 하나님이여, 그들이 주님을 신뢰하는 것의 결과로써

그들은 그들의 자녀에게 말할 것입니다

다가올 세대가 주님의 역사하심을 잊어버리지 않고

주께서 주신 명령을 지킨다면

완고하고 거역한 세대로서

마음으로 주님께 항복하기를 거절했으며

영혼을 주님께 순종코자 하지 않았던

선조처럼 되지 않을 것입니다

에브라임 사람은 뛰어난 장비를 가졌지만

전쟁의 날에 도망갔습니다

그들은 주님과의 언약을 지키지 않았으며

주님의 법으로 살아가기를 거부했습니다

그들은 주께서 자신들을 위해 하신 것과
자신들을 구원해 주신 기적을 잊어버렸습니다
주님은 애굽과 소안 땅에서
그들의 선조의 눈앞에서 경이로운 일을 행하셨습니다
주님은 홍해를 갈라지게 하셔서 그들이 도망하게 하셨고
물들을 벽같이 붙드셨습니다
주께서 낮에는 구름으로 밤에는 불기둥으로
인도하셨습니다
주님은 사막에서 바위를 쪼개셨으며
그들에게 풍부한 물을 주셨습니다
주님은 바위에서 물줄기를 주셔서
물이 강처럼 흐르게 하셨습니다

광야에서 지극히 높으신 하나님을 거역해서
우리 선조가 주님께 범죄했습니다
완고한 자는 주님을 시험했으며
그들의 욕망을 만족시키는 고기를 구하면서
불신앙으로 구했습니다
"하나님이 광야에서 식탁을 차려 주실까?"
모세가 바위를 쳤을 때
물줄기가 흘러나왔습니다
그러나, 불신앙으로 주님이 그들을 먹이실 수 있는지 의심했으며
주님이 음식을 공급할 수 있는지 의심했습니다

주님이 그들의 소리를 들었을 때 주님은 매우 분노하셨고

소멸하는 불이 그들을 향해 나왔습니다

그들은 주님이 그들에게 공급하실 수 있다고 믿지 않았고

그들을 구원할 것이라고 믿지 않았기 때문입니다

주님은 하늘의 문이 열리라고 명령하셨으며

그들이 먹도록 만나를 내리셨습니다

그것은 하늘의 곡식이었고

그들은 천사의 음식을 먹었습니다

그들은 그들이 원한 모든 음식을 먹었고

주님은 강한 동풍을 보내셨습니다

그때 주님은 남쪽에서 강한 바람을 오게 하셨고

주님은 모래 바람같이 음식이 그들에게 불어오게 하셨습니다

떠 있는 새가 바닷가의 모래 같았으니

새는 장막 주위를 낮게 날아다녔습니다

그들은 장막 주위에 모두 앉았고

선조들은 만족할 때까지 먹었습니다

주님은 그들이 바란 모든 것을 주셨습니다

주님이 공급한 음식이 그들의 입에 있을 때조차도

그들은 더욱 더 많이 원했더니

주님의 진노가 그들에게 폭발해서

주님은 가장 강한 자와 가장 훌륭한 자를 죽게 하셨습니다

주님의 기적에도 불구하고 주님을 신뢰하지 않았으며

계속 죄를 짓고 있습니다
그들은 광야에서 무의미하게 죽어 갔으며
계속 두려움에 떨며 살았습니다
주님이 그들 중의 몇몇을 심판하실 때마다
떠났던 사람들이 주님께 열정적으로 돌아왔었습니다
그들은 주님이 반석이셨다는 것과
가장 높으신 하나님은 그들의 구원자였음을 기억했습니다
그들은 그들의 입술로 주님께 아첨했음은
마음으로 거짓말하고 있었기 때문이며
그들의 마음은 주님께 거역하고 있었기 때문입니다
그들은 주님과의 언약을 지키려 하지 않았지만
주님은 그들에게 신실하셔서
주님의 분노를 통제하셨습니다
저희는 육체뿐이므로 가고
다시 오지 못하는 바람인 것을 기억하셨습니다

그들은 자주 사막에서 주님을 화나게 했으며
광야의 사십 년 동안 주님을 슬프게 했습니다
그들은 주님을 계속 반역하며
계속 주님, 이스라엘의 거룩한 자를 실망시켰습니다
그들은 주님이 행하신 것을 잊어버렸습니다
그들은 주님이 애굽에서 기적의 능력으로
혹은 소안에서 바로와 싸운 기이한 일들로

그들을 구원하신 것을 기억하지 않았습니다

주님은 애굽의 하수를 피로 바꾸셨으니

누구도 거기서 물을 먹을 수 없었습니다

주님은 그들 중에 파리 떼와

그들을 좌절시키는 개구리를 보내셨습니다

주님은 농작물을 먹는 황충과

그들이 재배하는 모든 것을 먹어 치우는 메뚜기를 보내셨습니다

주님은 포도나무를 파괴하는 진눈깨비와

무화과 나무열매를 파괴시키는 우박을 보내셨습니다

또한, 그들의 가축은 우박 때문에 죽었으며

번개는 그들의 가축을 죽였습니다

그들에게 대한 분노를 발하셔서

그들 가운데 파괴하는 천사 무리를 보내셨습니다

주님은 주님의 분노를 나타낼 방법을 결정하시고

죽음에서 그들의 목숨을 구해 주지 않으셨습니다

주님은 모든 가족의 장자를 죽이셨고

모든 애굽인의 장자를 죽이셨습니다

그리고 나서 주님의 백성을 애굽에서 나오게 하셨으며

그들을 안전하게 사막으로 인도하셨습니다

주님이 그들을 인도하셨으므로 그들은 안전했으며

그들의 대적은 홍해에 빠져 익사했습니다

주님이 약속의 땅의 경계로 그들을 데려가셨고

언덕의 나라를 그들에게 주셨습니다

주님은 그들 앞에 이방인을 쫓아내셨고

땅을 유산으로 그들에게 나누어 주셨고

각 족속을 고향에 정착하게 하셨습니다

그러나 그들은 우리 주, 지극히 높으신 하나님을 순종하기 싫어했고

그들은 주님의 명령 지키기를 싫어했습니다

자신의 조상처럼, 신실하지 못하고 거역했으며

그들은 하자 투성이의 무기 같았습니다

그들은 다른 신들에게 경배하기 위해 높은 장소를 만들었고

그들은 자신들이 만든 우상들로 주님을 분노케 했습니다

주께서 우상들을 보셨을 때, 다시 분노하셔서

그들을 완전히 버리셨습니다

백성을 만나 주시는 장막

실로의 성막에서 나가셨습니다

대적이 주님의 백성을 이기도록 하셨음은

주님의 유업에 분노하셨기 때문입니다

불이 젊은 사람을 태워 버렸으며

젊은 여자는 결혼하지 못했습니다

제사장들은 길에 죽었고

과부는 그들을 위해 애곡하지 않았습니다

사람이 깊은 잠에서 깨듯이

마치 잠에서 일어나듯이 주님은 깨어나셨습니다

주님이 백성들을 대적에게 돌리셨고 그들은 후퇴했습니다

주님은 영원히 그들을 제거하셨고

구원자를 요셉의 장막에서 선택하지 않으셨습니다

에브라임의 장막을 선택하지 않으셨고

유다 종족을 선택하셨습니다

시온 산이 주님의 집이 되도록 선택하셨습니다

주님은 높은 곳 가운데 거기를 주님의 성소로 두었고

주님은 땅의 모든 곳 가운데 그 장소를 선택하셨습니다

주님은 주님의 지도자로 다윗을 선택하시고

양을 인도하는 자리에서 데리고 오셔서

백성의 목자가 되게 하셨습니다

다윗은 그의 성실한 마음으로 이스라엘을 인도할 것이며

능숙하게 그들을 인도할 것입니다

† 아멘

※ 아삽의 교훈의 시편

이스라엘을 핍박하는 사람들을 벌해 달라는 기도

오, 하나님이여, 이방인의 나라들은 주님의 유업을 공격했으며

주님의 거룩한 성전을 더럽혔습니다

그들은 예루살렘을 쓰레기 더미로 만들었고

주를 따르는 자의 시체를 버리니

새가 먹었고

동물들도 먹습니다

그들의 피는 예루살렘 주위로 흘렀으며

그들을 장사지내 주는 자가 아무도 없었습니다

이웃은 우리를 조롱거리로 만들고 있으며

주님의 백성은 비웃음거리가 되고 있습니다

주여, 얼마나 오랫동안 주의 백성에게 분노하실 것이며

주님의 질투는 영원히 불타실 것입니까?

주님을 거절하는 나라들과

주님을 부르기를 싫어하는 사람들에게

주님의 분노를 쏟으소서

그들이 이스라엘을 먹었고

주님의 고향을 파괴했기 때문입니다

조상의 죄악을 우리에게 돌리지 마소서

우리를 구원하기 위해 속히 오소서

우리는 주님의 도움을 지금 필요로 하기 때문입니다

오, 하나님 우리의 구원자시여, 우리를 도우시며

당신의 이름에 영광을 돌리소서

주님의 이름을 위해

우리의 죄를 용서하시고 우리를 구원하소서

어찌하여 이방나라들이 "그들의 하나님이 어디 있느냐?"

자궁하나이까

그들 위에 주님의 분노를 쏟아 부으소서

주님의 종들의 피를 쏟았기 때문입니다

갇힌 자의 신음소리를 들으시며

죽기 전에 그들을 구원하소서

그들이 우리에게 주려고 한 불행을 그들에게 주셔서

우리 대적을 일곱 번이나 보복하소서

우리는 주님의 백성, 주님의 목장의 양입니다

우리는 감사하며 주님께 영원히 찬양할 것입니다

†아멘

※ 아삽의 시편

거역하는 이스라엘 사람을 구원하시기를 구하는 기도

우리의 기도를 귀 기울여 들으소서, 오 이스라엘의 목자여

주님은 양떼처럼 요셉의 자손들을 인도하셨으며

그룹 사이에 좌정하셨습니다

빛을 비추소서

에브라임과 베냐민과 므낫세 앞에서 주의 능력을 나타내사

우리를 구원하러 오소서

오, 하나님이여, 우리에게 돌이키사
주님의 얼굴을 우리에게 비추사 우리를 구원하소서
오, 천사들의 하나님이여
얼마나 오랫동안 우리의 기도에 대해 노하실 것입니까?
우리는 분노의 빵을 먹고 있으며
눈물을 마시고 있습니다
우리로 우리 이웃에게 다툼거리가 되게 하시니
원수들이 서로 비웃습니다

오, 천사들의 하나님이여 돌이키시며
주의 얼굴빛을 비춰사 우리로 구원을 얻게 하소서
우리는 포도나무에서 잘라진 가지였으며
주님은 애굽에서 우리를 이끌어내셨습니다
약속의 땅에서 이방인들을 쫓아 내셨으며
우리를 거기에 심으셨습니다
주님은 땅을 정결하게 하셔서 우리를 자라게 하셨고
뿌리가 깊이 박혀서 땅에 편만했습니다
그 그늘이 산들을 가리고
그 가지는 거대한 나무같이
그 가지가 바다까지 뻗고
우리의 통치를 강까지 확장시켰습니다

주께서 어찌하여 그 담을 헐으사

길에 지나는 모든 자로 따게 하셨습니까

수풀의 돼지가 상해하며

들짐승들이 우리의 잎을 먹습니다

천사들의 하나님이여 구하옵나니 돌이키사

하늘에서 굽어 보시고

이 포도나무를 보호하소서

주의 오른손으로 심으신 포도원으로 돌아오시며

주님의 구원자이신 아들을 보내소서

주께서 포도나무의 가지를 손질해서 불에 던지시니

주의 백성은 주의 처벌 때문에 망하오니

주의 우편에 있는 자

곧 능력으로 구원하실 인자를 보내소서

그러하면 우리가 주에게서 물러가지 아니하오리니

우리를 소생케 하소서 우리가 주의 이름을 부르리이다

천사들의 하나님 여호와여 우리를 돌이키시고

주의 얼굴빛을 비춰소서 우리가 구원을 얻으리이다

✝ 아멘

※ **아삽의 시편**

지난날의 배도를 깨닫고 감사와 경배의 기도

능력 되신 하나님께 높이 노래하며

야곱의 하나님을 즐거이 소리쳐 부릅니다

찬송을 부르며 탬버린을 치고

기타로 주님을 찬양합니다

우리의 절일에 나팔을 불며

저의 죄를 거룩한 집회에서 고백합니다

이는 제가 예배하는 바른 길이며

주님의 법을 지키는 길입니다, 오 하나님이시여

주님이 애굽에서 인도해 내실 때

이렇게 이스라엘이 예배하도록 정하셨습니다

거기서 제가 알지 못하던 말씀을 들었나니

주님이 그 어깨에서 짐을 벗기고

그 손에서 광주리를 놓게 하셨습니다

우리가 고난 중에 부르짖으매

주님께서 구름의 어두운 곳에서 응답하셨습니다

그때 므리바 물가에서 우리를 시험하셨으니, 셀라!

주님은 불러내셔서 우리에게 경고하셨고

우리가 주님께 듣기를 원하셨습니다

너희 중에 이방 신을 두지 말며

다른 신에게 절하지 말라고 명하셨나이다

주님은 우리를 애굽 땅에서 인도해 낸

우리 하나님이십니다

주님이 약속하기를 네 입을 넓게 열라

내가 채우리라 하였으나

백성이 말씀을 듣지 아니하며

이스라엘이 주님의 인도하심에 복종하지 않았습니다

그러므로 주님은 마음의 강퍅한 대로 버려두시고

자기 마음대로 하도록 두셨습니다

주님을 정말로 청종하며

주님의 기준에 순종했다면

주님은 속히 원수를 제어하시며

저희 대적을 대적하는 우리 손을 강하게 하셨을 것이고

주님을 미워하는 자들도 주를 두려워했을 것입니다

주님이 그들을 처벌하셨기 때문입니다

우리를 가장 좋은 음식으로 먹이셨을 것이며

바위에서 나오는 꿀로 우리를 만족시키셨을 것입니다

†아멘

※ 아삽의 시편

모든 일을 정의롭게 처리해 달라는 간구

오, 하나님이시여, 주님은 하늘의 법정에 서 있는 분이시니

이방 신들도 공평하게 판단하십니다

주님은 얼마나 오랫동안 심판을 보류하시며

악한 자를 계속 살도록 하십니까? 셀라!

가난한 자와 고아를 판단하시며

곤란한 자와 빈궁한 자를 보호하시며

고통의 때에 그들을 구원하시며

악인들의 손에서 건지소서

땅의 기초조차 흔들려 버리니

그들은 무엇이 일어나는지를 모르며

그들은 어둠 속에서 무턱대고 걷습니다

그들에게 말하기를 "너희 모두는 하나님께 속하였다

너희는 지존자의 아들들이다"라고 했으나

들으려고 하지 않았으므로 그들은 모든 사람처럼 죽을 것이며

권세자들처럼 장사될 뿐입니다

오, 하나님이여, 오셔서 모든 사람을 판단하소서

모든 사람은 당신의 소유이기 때문입니다

† 아멘

※ 아삽의 시편

시편 83편
대적은 파멸하시고 온 땅을 통치하시기를 구하는 기도

오, 하나님이여, 침묵하지 마시고 잠잠치 마소서

왜 주님은 이렇게 고요하십니까?

대적이 고통을 주고

주님을 미워하는 그들이 우리를 위협하고 있습니다

그들은 우리를 대적해 음모를 꾸몄으며

주님이 선택한 자를 대적해 악한 계획을 세웁니다

그들이 우리를 파괴할 수 있다고

이스라엘 민족은 기억되지 못할 것이라고 자랑합니다

그들이 주님을 대적해 다같이 모여 계획하는 것은

주님의 권세를 파괴하기 위해 모였습니다

롯 자손의 힘을 강하게 하기 위해

에돔인, 이스마엘인, 모압인, 하갈인이

그발과 암몬과 아말렉과 블레셋과 힘을 합치며

두로와 앗수르도 저희와 함께 연합했습니다, 셀라!

주가 미디안인에게 행하신 것같이

기손 시내에서 시스라와 야빈에게 행하신 것같이

저희에게도 행하소서

그들이 엔돌에서 패망한 것처럼 오늘날 그들이 죽게 하소서

그들이 땅에 거름이 되었습니다

마치 주님이 세바와 살문나를 파괴하신 것처럼

저희 귀인으로 오렙과 스엡 같게 하소서

그들은 하나님의 성소를 자신들의 소유로

취할 것이라고 자랑합니다

오, 하나님이여, 저의 대적을 잡초 같게 만드소서

바람이 불어 날아가 버릴 겨같이 하소서

불이 삼림을 사르는 것처럼 저희를 소멸하시고

삼림의 불이 산을 태우는 것처럼

주님의 공포로 그들에게 처벌하시고

주님의 폭풍으로 그들에게 내리치소서

모든 그들의 노력을 굴복시키소서

그래서 그들이 주님의 이름을 찾게 하소서, 오 주여

그들이 하는 모든 일을 혼란케 하셔서

그들이 영원히 괴롭힘을 당하게 하소서

주님의 이름은 여호와라는 것을 그들에게 깨닫게 하시며

땅 위에 가장 높으신 자이시며 홀로 다스리심을 깨닫게 하소서

† 아멘

시편 84~101편

♤ 행복해지기 원할 때 하는 기도

시편 84:4

시편의 원어에는 '축복받다'에 대한 두 가지 단어가 있습니다. 첫째는, Barak는 '축복받다'에 사용되는 일상적 단어이며, 왕에게 무엇인가를 원할 때는 왕 앞에 나와서 절을 하기 때문에 '절하기(to bow)'라는 단어에서 유래된 것입니다. 그들은 왕이 그들의 삶을 축복할 수 있다는 것을 알고 있습니다. 이 단어는 부유하게 되거나, 진귀한 물건을 받거나, 혹은 당신의 삶이 충만해지거나, 충족되는 것을 의미합니다. 이 시편으로 기도할 때는 시편 기자가 그 기도에서 받기를 구했던 것들로 당신의 삶에 충만하게 해달라고 기도하면서, 주 앞에 절하세요.

주님, 저를 정말로 축복하소서.

축복에 대한 두 번째 단어는 행복을 의미하는 ashrey입니다. 하나님이 ashrey로 당신을 축복할 때 당신은 긍정적이며 낙관적이게 됩니다. 즉 당신은 기분이 좋아질 것입니다.

주님, 저는 행복해지고 싶습니다. 제가 행복하게 되기 위해서 무엇을 해야 하는지 가르치소서.

우리는 모두 죄인이며, 불순종은 괴로움이 따르며, 인생에는 많은 고통이 있기 때문에, 우리가 항상 행복하기는 힘듭니다. 주님을 신뢰하기 시작할 때 영혼의 기쁨을 얻을 수 있습니다. "야곱의 하나님으로 자기 도움을 삼으며 여호와 자기 하나님에게 그 소망을 두는 자는 복이 있도다"(시 146:5).

주님, 저는 오늘 하루 동안 주님을 신뢰합니다.

복 있는 사람은 악인의 꾀를 좇지 아니하며 죄인의 길에 서지 아니하며 오만한 자의 자리에 앉지 아니하고 (시 1:1).

시편의 첫 단어는 행복, 즉 ashrey입니다. 이 책을 통해 시편의 언어로 기도하고, 시편의 인도를 따를 때 당신은 행복하게 될 것입니다. 행복하기 위해서 해서는 안 되는 세 가지의 점진적인 행동들이 있습니다. (1)…길로 걸어서는 안 됩니다. (2)…곳에 서있어서는 안 됩니다. (3)…에 앉지 말아야 합니다.

주님, 저는 주님께 더 가까이 가며 죄를 멀리할 것입니다.

당신이 피해야 하는 것은 아래의 불경건한 사람들이 가지는 세 가지 점진적인 집착입니다. (1) 그들의 충고에 귀 기울이세요. (2) 그들의 길 근처에서 있으세요. (3) 그들의 자리에 머물러 앉으세요.

주님, 제가 악한 사람들에게 붙어 있지 않게 하소서.

피해야 할 세 부류의 악한 성향의 사람들이 있습니다. (1)불경건한 자들 (2) 죄인들 (3) 비웃는 자들.

주님, 제 주위 사람들의 성향을 보여 주시고, 그들 인생의 욕망을 이해할 수 있게 도우셔서, 저를 악하게 만드는 사람들로부터 피하게 도와주소서.

죄를 고백하고 그것으로부터 떠나서 죄를 적절하게 다룰 때 당신은 행복해질 것입니다. "허물의 사함을 얻고 그 죄의 가리움을 받은 자는 복이 있도다(행복, ashrey)" (시 32:1).

주님, 저의 죄를 고백합니다. 저를 용서해 주소서.

성경을 연구하고 기도 중에 하나님의 임재를 경험할 때 당신은 행복해질 것입니다. "너희는 여호와의 선하심을 맛보아 알찌어다 그에게 피하는 자는 복이 있도다(행복,ashrey)" (시34:8).

주님, 제가 불행으로부터 주님께 돌아서게 하소서. 저는 넓게 열린 팔로 주님께 갑니다. 저를 안아 주소서.

하나님의 뜻을 향한 영혼의 이끌림에 순종할 때 당신은 행복하게 될 것입니다. 왜냐하면 하나님께서 그 영혼의 소망을 당신 안에 두셨기 때문입니다. 주께서 택하시고 가까이 오게 하사 주의 뜰에 거하게 하신 사람은 복이 있나이다(행복, ashrey). 우리가 주의 집 곧 주의 성전의 아름다움으로 만족하리이다 (시 65:4).

주님, 제가 주님을 경배하려 하는 마음의 소망에 "예"라고 대답합니다. 저는 주님의 임재로 매우 행복합니다. 저를 주님께 이끌어 주셔서 감사합니다.

시편 기자는 하나님의 임재 가까이의 성소에서 둥지를 만들고 있는 참새를 묘사하고 있습니다. 성전은 매우 평화로웠으며, 참새는 둥지를 만들고, 알을 낳고, 일상적인 일을 할 것입니다. 시편 기자는 성전에서 제비처럼 하나님께 가까이 있기를 원했습니다. 시편 기자는 지속적으로 하나님과 가지기를 원했던 친밀함을 묘사했습니다. "내 영혼이 여호와의 궁정을 사모하여 쇠약함이여 내 마음과 육체가 생존하시는 하나님께 부르짖나이다 나의 왕, 나의 하나님, 만군의 여호와여 주의 제단에서 참새도 제 집을 얻고 제비도 새끼 둘 보금자리를 얻었나이다"(시 84:2-3). 시편 기자는 하나님의 임재 안에서 발견하는 화평을 즐거워해 소리치고 있었습니다. 주님, 저는 주님의 임재를 사랑합니다.

하나님과의 친밀함을 즐거워해 그분의 임재에 머물러 있을 때 시편 기자같이 행복할 것입니다. "주의 집에 거하는 자가 복이 있나이다 저희가 항상 주를 찬송하리이다(셀라)"(시 84:4).

주님, 저는 주님의 임재 안에서 편안합니다.

세상의 행복은 흥분하게 만들고 순간적으로 문제를 잊게 만드는 하나의 감정일 뿐입니다. 그러나 세상의 행복이 끝나면 인생의 고통은 되돌아옵니다. 왜냐하면 "여인에게서 난 사람은 사는 날이 적고 괴로움이 가득하며"(욥 14:1)이기 때문입니다. 그러나 하나님이 주시는 행복은 영원합니다. 왜냐하면 하나님은 공급자이시며 그분은 당신과 함께 하시기 때문입니다. "주께 힘을 얻고 그 마음에 시온의 대로가 있는 자는 복이 있나이다(행복, ashrey)"(시 84:5).

주님, 저는 이 순간에 행복합니다. 왜냐하면 저는 주님의 임재 안에 있기 때문입니다. 주님, 저와 함께 가셔서 인생길을 따라갈 때 저를 행복하게 지켜 주소서.

"이러한 백성은 복이 있나니 여호와를 자기 하나님으로 삼는 백성은 복이 있도다"(시 144:15).

(다음 구절에서 당신의 연구를 위해 Ashrey, 즉 행복이라는 단어를 찾아보세요. 시편 1:1, 2:12, 32:1-2, 33:12, 34:8, 40:4, 41:1, 65:4, 84:4-5, 12, 89:15, 94:12, 106:3, 112:1, 119:1-2, 127:5, 128:1-2, 137:8-9, 144:15, 146:5)

주의 집에서 그분의 임재를 즐거워하는 기도

여호와여, 주의 장막이 어찌 그리 사랑스러운지요
오 만군의 주여, 제 영혼이 여호와의 궁정을 깊이 사모하여
제가 거기 있지 않을 때도 제 육체가 생존하시는 하나님께 부르짖습니다
주의 제단에서는 참새도 매우 편안함을 느껴
주님의 제단 앞에 둥지를 틀었습니다
주의 임재 가까이 쉬고 싶습니다
주님은 저의 왕이며 저의 하나님이기 때문입니다

주여, 주님의 집에 거하는 사람을 축복하소서
그들이 주님을 찬양하고 예배하기 때문입니다, 셀라!
주여, 자신들의 힘이 주 안에 있음을 깨닫는 사람을 축복하소서
주님의 기준이 마음에 있기 때문입니다
저희는 눈물 골짜기로 통행할 때에
그들은 자신들의 눈물로 웅덩이를 가득 채웁니다
주여, 그들은 주님의 평안을 얻기 위해 노력해
힘 있게 계속 애씁니다
주 하나님, 저의 소원은 주님을 아는 것이며
주님의 얼굴을 보기 원합니다, 셀라!
주님의 임재의 궁전에서 한 날이

어떤 다른 장소에서의 수천 날보다 더 좋기 때문입니다
주의 궁정에서 한 날이 다른 곳에서 천 날보다 나은즉
악인의 장막에 거함보다
제 하나님의 문지기로 있는 것이 좋습니다
주여, 주님은 태양처럼 제 인생에 온기를 비추시며
방패처럼 저를 보호하십니다
제가 올바르게 걷는다면
주님은 좋은 것을 아끼지 아니하실 것입니다
주께 의지하는 자는 복이 있습니다

† 아멘

※ 고라 자손의 시편

죄를 용서하시고 땅에 평화를 주시도록 구하는 기도

오 주여, 주께서 주의 땅에 은혜를 베푸사
야곱의 포로 된 자로 돌아오게 하셨습니다
주의 백성의 죄악을 사하시고
저희 모든 죄를 덮으셨습니다, 셀라!
주의 모든 분노를 거두시며
주의 진노를 돌이키셨습니다
우리 구원의 하나님이여 우리에게 돌이키시고

우리에게 향하신 주의 분노를 그치소서
주께서 우리에게 영원히 노하실 겁니까?
항상 우리를 벌하실 것입니까?
오 하나님이여, 우리를 다시 살리사
주의 백성으로 주를 기뻐하게 하셨습니다
오 주여, 주의 인자를 우리에게 보이시며
고통에서 우리를 구원하소서

제가 하나님 여호와께서 하시는 말씀과
주님의 백성을 위한 화평의 언약을 들을 것입니다
주여, 우리로 다시 망령된 곳으로 돌아가지 말게 하소서
진실로 당신을 두려워하는 사람들은 구원하시니
영광이 우리 땅에 거할 것입니다
긍휼과 진리가 같이 만날 것이며
의와 화평이 서로 입 맞춥니다
진리는 땅에서 발견될 것이며
의가 하늘에서 내려다 볼 것입니다
오 주여, 여호와께서 좋은 것을 주실 것입니다
우리는 이 땅에서 형통할 것입니다
주께서 가는 모든 길을 예비하기 위해
의가 주의 앞에 앞서 행할 것입니다
† 아멘

※ 고라 자손의 시편

위험을 당해 도우심을 구하는 기도

오 주여, 곤고하고 궁핍하니
굽혀 제 말에 귀를 기울이소서
제가 주님에게서 떨어져 있으니 저의 영혼을 보호하시고
당신의 종이니 저를 구원하소서
오 하나님이여, 자비를 베푸소서
제가 종일 주께 부르짖습니다
주여, 제 영혼이 주를 우러러 보니
제 영혼을 기쁘게 하소서

주님은 용서하시며 선하시며
주께 부르짖는 자에게 인자함이 후하십니다
여호와여, 저의 기도에 귀를 기울이시고
저의 간구하는 소리를 들으소서
환난 날에 제가 주께 부르짖으니
주께서 제게 응답하시며 저를 위해 행하시기 때문입니다
주여 땅의 신들 중에 주와 같은 자 없으며
주의 행사와 같지도 않습니다
주께서 모든 다른 민족을 만드셨으니
그들이 주의 앞에 예배할 것이며

주의 이름에 영화를 돌릴 것입니다
대저 주는 광대하사 기사를 행하시니
주만 하나님이십니다

오 주여, 주의 말씀으로 저를 가르치소서
제가 주의 진리를 따를 것입니다
제게 집중하는 마음을 주사
주의 이름을 경외하게 하소서
오 주 저의 하나님이여, 제가 전심으로 주를 찬송하고
영영토록 주의 이름에 영화를 돌리오니
이는 제게 향하신 주의 인자가 크사
저의 영혼을 깊은 음부에서 건지셨습니다

교만한 자가 저를 치려고 오고 있나이다
그들은 저를 파괴하기 원하는 강포한 자들이며
자기 앞에 주를 두지 않았습니다
그러나 주여, 주는 긍휼을 베푸시는 하나님이시며
풍성한 사랑과 자비로 주께서는 인내하십니다
자비로 저에게 오시고 주의 종에게 힘을 주시며
주의 여종의 아들을 구원하소서
주께서 저와 함께 하신다는 표징을 제게 보이시며
저의 대적을 혼란케 하소서 오 주님, 저를 돕고 위로하소서
† 아멘

※ 다윗의 기도

시편 87편
하나님의 성에서 태어난 것에 대한 감사의 기도

주께서 확고한 기초를 성산에 두셨습니다
여호와께서 야곱의 모든 거처보다
시온의 문들을 사랑하십니다
오 하나님, 시온 하나님의 성이여
너를 가리켜 영광스럽다 말하는도다, 셀라!
블레셋과 두로와 구스로부터 온 사람들과 함께
라합과 바벨론에서 온 사람들이
제가 예루살렘에서 태어난 것을 주목합니다
시온에서도 그들은 제가 예루살렘에서 태어났다는 것을
인정할 것입니다
예루살렘은 지극히 높으신 자의 도시입니다
주님은 영원히 그것을 세우실 것이며
주님은 시온에서 태어난 사람들을 기억하십니다
오 주여, 노래하는 자와 춤추는 자도 주님을 찬양하니
저의 인생을 주님께 바칩니다
† 아멘

※ 고라 자손의 노래나 시편

벌 받은 후 고통과 고백의 기도

오 주 하나님이여, 제가 주야로 주 앞에 부르짖었으니

저를 구원하소서

저의 기도로 주의 앞에 달하게 하시며

주의 귀를 저의 부르짖음에 기울이소서

저의 영혼에 온갖 곤란이 가득하며

그들이 저를 계속 죽이려고 합니다

사람들이 저를 이미 죽은 자와

기력이 쇠한 자로 취급합니다

그들은 저를 시체처럼

존재하지 않으며

눈에서 사라져 버린 자처럼 버렸습니다

주께서 저를 깊은 웅덩이

어두운 곳 음침한 데 두셨습니까?

주의 노가 저를 벌하고 계시며

연속되는 고통의 파도로 저를 괴롭게 하심을 느끼고 있습니다, 셀라!

주께서 저의 친구를 제게서 멀리 떠나게 하시고

이제 그들 모두가 저를 미워합니다

저는 함정에 갇혀서 밖으로 나갈 수 없습니다

눈물 때문에 제 눈을 가리우며
여호와여 제가 매일 주께 부르짖으며 주를 향해
저의 두 손을 들었습니다

주께서 사망한 자에게 기적을 보이실 것입니까
죽은 자가 일어나 주를 찬송할 수 있을까요, 셀라!
주는 심판 중에서도 신실하신 분이시니
구덩이에 빠진 사람에게도 주의 인자를 베풀실 것이죠?
주께서는 잊혀진 자들을 결코 잊지 않으시는 분이기 때문에
주는 흑암 중에 있는 자들에게도 주의 기사들을 보이실 것이죠?

여호와여, 오직 주께 부르짖었으니
아침에 저의 기도가 주 앞에 이를 것입니다
여호와여, 어찌하여 저의 영혼을 버리시며
어찌하여 주의 얼굴을 숨기십니까
제가 전신에 상처를 입어서 죽게 되었으니
주의 처벌을 더 이상 감당할 수 없습니다
주의 진노가 제게 넘치고
저는 죽을 것 같습니다
종일 저의 죄가 제 생각을 떠나지 않고 괴롭히니
제가 두려움으로 완전히 압도되었습니다
주께서 저의 친구와 친척들을 쫓아 내시니
흑암만이 저의 유일한 친구입니다

† 아멘

※ 에스라 사람 헤만에 의한 교훈의 시편

다윗에게 한 약속을 기억해 달라는 기도

주여, 제가 여호와의 인자하심을 영원히 노래하며
주의 성실하심을 영원히 알릴 것입니다
모든 세대가 제 입에서 듣게 될 것이며
주의 인자하심은 영원하며
주의 성실하심은 하늘만큼 견고하다고 증거할 것입니다

주께서 택한 자와 언약을 맺으시며
주의 종 다윗에게 맹세하시기를
그의 자손을 영원히 견고히 하며
이스라엘의 왕좌를 주시리라 약속하셨습니다, 셀라!

하늘은 주를 찬양합니다, 오 주여
주의 신실함이 천사들의 모임에서 나타납니다
대저 궁창에서 능히 여호와와 비교할 자 누구며
권능 있는 천사들 중에 여호와와 같은 자 누구입니까
하나님은 천사 같은 존재들 중에서 심히 엄위하시며

주의 보좌 주위에 둘러 있는 모든 자 위에 더욱 두려워할 자이십니다

여호와 천사들의 하나님이여, 주와 같이 능한 자 누구입니까?

여호와여, 주의 성실하심은 주께서 행하시는 모든 것에서 볼 수 있습니다

주께서 바다의 흉용한 것을 다스리시며

그 파도가 일어날 때에 평정케 하십니다

주께서 큰 바다 괴물을 파괴하시고

주의 원수를 주의 능력의 팔로 흩으셨습니다

하늘이 주의 것이요 땅도 주의 것이니

세계와 그 중에 충만한 것을 주께서 건설하셨습니다

남북을 주께서 창조하셨으니

다볼 산과 헤르몬 산이 주의 이름 때문에 즐거워합니다

주의 팔에 능력이 있으며 주의 손은 강하고

주는 승리로 오른손을 들어 올리십니다

주는 의와 공의로 다스리시며

인자함과 진실함이 주에게서 나옵니다

주여, 즐거운 노래를 주께 부르는 백성을 축복하소서

저희가 주의 얼굴빛에 다니며

종일 주의 이름으로 기뻐하니

주께서 그들을 받아 주십니다

주는 저희 힘의 영광이시니

주께서 기름부음으로 그들을 높이셨습니다

주께서 우리를 악한 자에게서 보호하시니

주께서는 우리 왕이시며 이스라엘의 거룩한 자이십니다

주께서는 주의 백성에게 환상으로 말씀하시니
그들에게 주님의 힘이 용사들 위에 있다고 말씀하시며
주께서는 주의 백성 가운데 젊은이를 높이셨습니다
주께서 다윗을 주의 종으로 선택해
주를 따르도록 거룩한 기름으로 부으셨습니다
주의 손이 저와 함께하여 견고히 하시며
주의 팔이 그를 힘이 있게 하셨습니다
원수가 그에게 과도한 세금을 바치게 못할 것이며
악한 자가 저를 멸망치 못할 것입니다
주가 저의 앞에서 그 대적을 박멸하시며
저를 미워하는 자를 치실 것입니다
주의 성실함과 인자함이 저와 함께 하리니
주의 이름이 그로 인해 높아질 것입니다
그가 바다를 다스리게 하시며
그의 오른손은 강들 위에 세우실 것입니다
다윗이 주께 부르짖기를 주는 나의 아버지요
나의 하나님이시요 나의 구원의 바위시라 할 것입니다
주가 또 저로 장자를 삼으시고
세계 열왕의 으뜸이 되게 하시며
저를 위해 주의 인자함을 영원히 지키시고
저로 더불어 한 주의 언약을 굳게 세우시며

또 그 후손을 영원케 하여
그 위를 하늘의 날과 같게 하실 것입니다

다윗의 자손이 주의 법을 버리며
주의 규례대로 행치 아니하며
주의 율례를 파하며
주의 계명을 지키지 아니하면
주께서 그들의 불순종을 벌하시며
반역의 길을 교정하실 것입니다
그러나 주의 인자함을 다 거두지 아니하시며
등을 돌리지 아니하시고
주의 언약을 파하지 아니하며
주의 입술에서 낸 것도 변치 아니할 것입니다
주가 거룩함으로 한 번 맹세하셨으니
다윗에게 거짓말하지 아니하실 것입니다
그 후손이 장구하고
그가 항상 주를 위해 다스릴 것이며
태양과 달 그리고 하늘 위의 주의 성실한 증거물처럼
영원히 세우실 것입니다, 셀라!

주께서 주가 세우신 언약을 버리시며
어찌하여 주의 백성에게 분노하십니까?
주의 언약에서 등을 돌리시며

다윗의 관을 땅에 던져 욕되게 하셨습니다

저의 모든 성벽을 파괴하시며

그 요새를 훼파하셨으므로

군대들이 통과하며 이스라엘을 비웃으며

주위 민족들은 이스라엘의 약함을 비웃습니다

주께서 이스라엘의 대적을 강하게 하셨고

이스라엘이 약해지는 것을 지켜보시며

전쟁에서 저희 모든 원수로 승리하게 하셨습니다

이스라엘이 약해졌을 때 보셨고

주의 백성이 전쟁에 패하는 것을 보셨습니다

저의 영광을 그치게 하시고

원수가 다윗 왕조 통치를 끝내도록 하셨습니다

그의 날을 단축하시고

저를 수치로 덮으셨습니다, 셀라!

언제까지 주의 백성들이 고통당하게 하시렵니까?

스스로 영원히 숨기시렵니까?

주의 노가 언제까지 불붙듯 하시겠습니까?

인생이 얼마나 짧은지 기억하소서

주께서 인생이 많은 한계들을 갖도록 창조하셨기 때문입니다

누가 살아서 죽음을 보지 아니하고

그 영혼을 음부의 권세에서 건지겠습니까, 셀라!

주의 종 다윗에게 맹세하신

과거에 베푸신 인자하심은 어디 있습니까?

주는 주의 종들의 받은 훼방을 기억하소서

우리가 모든 대적의 모욕을 받았으니

그들은 주님을 미워하기 때문에 우리를 모욕하며

주님의 기름부음 받은 자 다윗의 통치를 거절합니다

여호와를 영원히 찬송할지어다

† 아멘 아멘

※ 에스라 사람 에단에 의한 교훈의 시편

배정된 시간을 이용하기 위한 기도

주여, 주는 대대로 우리의 거처가 되셨습니다

산이 생기기 전,

땅과 세계도 주께서 조성하시기 전

곧 영원부터 영원까지

주는 하나님이십니다

주께서 사람의 죽음을 정하셨고

흙으로 돌아가라 명하셨습니다

주의 목전에는 천년이

지나간 어제 같으며

밤의 한 경점 같을 뿐입니다
주께서 저희 해를 홍수처럼 쓸어 가시니
우리 인생은 잠깐 자는 것 같으며
아침에 돋아나는 풀 같습니다
우리는 낮 동안에 자라다가
저녁에 잘려져
마르고 죽습니다

주의 노는 우리를 소멸하며
주의 진노는 우리에게 고통을 안겨 줍니다
주께서 우리의 불순종을 주의 앞에 놓으시며
우리의 은밀한 죄를 주의 얼굴 빛 가운데 두셨으니
주가 우리에게 분노하시니
우리의 인생은 속히 날아가 버립니다

사람들이 이야기에서 말하는 것처럼
우리 하찮은 인생은 다 합쳐도 얼마 되지 않습니다
우리의 연수가 칠십이요
강건하면 팔십이라도
많은 육체의 어려움과 고통을 겪고 나니
신속히 가니 우리가 날아갑니다
주께서 분노하고 계실 때 누가 그것을 알아차리겠습니까
그러므로 우리는 두려워함으로 주를 항상 의지해야 합니다

우리에게 매일 매일을 세는 능력을 주사

우리가 지혜롭게 살게 하소서

돌아오사 우리를 축복하시며

더 이상 우리에게 진노하지 마소서

젊을 때 주의 인자로 보여 주셔서

우리 평생에 즐겁고 기쁘게 하소서

우리를 곤고케 하셨던 햇수와

우리가 범죄했던 햇수만큼 배우게 하소서

주의 행사를 주의 종들이 깨닫게 하시며

주의 영광을 저희 자손에게 보이소서

오 주 하나님이여, 주의 아름다움을 우리에게 임하게 하사

우리 손의 행사를 우리에게 견고케 하소서

그렇습니다, 주는 우리 손의 행사를 견고케 하십니다

† 아멘

※ 하나님의 사람 모세의 기도

일상생활의 지속적인 위험으로부터 보호를 구하는 기도

오 우주의 주인이신 지극히 높으신 하나님이여

주의 임재의 은밀한 곳에 거할 때

오 너무 크신 전능하신 하나님이여

당신의 보호 그림자 아래 거합니다

여호와여, 제가 주의 임재의 결과를 증거할 것이니

주는 저의 보호자이며 산성이시며

주는 제가 신뢰하는 저의 하나님이십니다

주가 모든 덫과 죽음에 이르는 질병에서 건지실 것입니다

주의 날개로 덮으시니

주의 임재 아래에 안전하며

주의 약속이 평안과 안정을 주십니다

밤에 보이지 않는 두려움과

낮에는 상존하는 위험도 두려워하지 않습니다

위협하는 염병과

확산되는 전염병도 두려워하지 않습니다

수천 명이 제 옆에서 넘어지며

수만 명이 죽으나

이 위험은 제게 오지 않을 것입니다

저의 눈이 악한 자가 벌 받는 것을

목격하며 보게 될 것입니다

오 지극히 높으신 여호와여 주로 저의 피난처를 삼습니다

주가 저의 피난처 되실 때

어떤 것도 저를 파멸할 수 없습니다, 오 여호와여

전염병이 저를 건드리지 못합니다

모든 길에서 저를 보호하시는
주의 천사를 명령하십니다
넘어지지 않게
천사의 손으로 저를 보호하실 것입니다
사자와 독뱀을 밟으며
악한 위협들을 제 발로 짓밟습니다

주를 사랑하니
저를 위험에서 건지실 것입니다, 여호와여
이름을 아시는 주시니
고통 중에 저와 함께 하실 것입니다
도움을 구할 때
주가 응답하시며
함께 하실 것이며
저와 저의 명예도 지켜 주십니다
긴 인생을 주시며
구원으로 만족시키십니다

† 아멘

능력을 주시는 하나님께 찬양

주를 찬양하는 것과

주의 이름을 노래하는 것이 좋습니다

오 지극히 높으신 이여

아침에 주의 인자와

밤에는 주의 성실을 보이시는 것과

수금으로 연주하며

현악기로 주를 찬양함이 좋습니다

여호와여, 주가 행하신 일을 즐거워하며

주께서 이루신 것으로 즐거워하며 노래합니다

오 여호와여, 주의 역사하심이 얼마나 위대하며

주의 생각은 얼마나 깊으신지요

무지한 자는 주를 모르며

어리석은 자는 주를 깨닫지 못합니다

그들은 인진처럼 자라며

주를 대적하는 사람도 흥왕하나

그들은 결국 영원히 멸망받을 것이나

주는 영원히 높임을 받으십니다

여호와여, 주의 원수가 목표물이 되었으니

주의 원수는 반드시 멸망할 것이며

악을 좋아하는 자는 흩어질 것입니다

주께서 들소같이 제 힘을 높이셨으며

신선한 기름으로 부으셨습니다

저의 원수가 파멸되는 것을 제 눈으로 보며

일어나 저를 치는 행악자가 파멸됨을 제 귀로 들었습니다

의인은 종려나무같이 번성하며

레바논의 백향목같이 자랄 것입니다

여호와의 집에 심겼으며

우리 하나님의 궁정에서 번성할 것입니다

늙어도 결실하며

열매를 많이 맺으며 빛이 청청해

여호와의 정의로우심을 증거할 것입니다.

여호와는 저의 반석이시니

주는 주의 백성에게 항상 선하십니다

† 아멘

※ 안식일을 위한 시편이나 노래

시편 93편

이 땅에 어떤 것보다 더 위대한 하나님의 능력을 인정하는 기도

여호와께서 통치하시니
스스로 권위를 입으시며
능력을 입으셨습니다
세계를 견고히 세우셨으며
요동치 않으며
주의 보좌를 영원히 견고히 세우셨습니다
여호와여, 큰물이 소리를 높였고
바다가 포효했으며
파도는 해변에 부딪칩니다
높이 계신 여호와의 능력은
홍수보다 더 강하며
바다의 파도보다 강하십니다
주의 법은 계속 이어지며
주의 통치는 거룩하며
영원히 통치하실 것입니다

† 아멘

대적을 심판할 때까지 인내할수 있도록 구하는 기도

여호와여, 복수하시는 하나님이여

오셔서 지금 복수하소서 오 하나님이여

일어나셔서 세계를 판단하시는 주여

교만한 자에게 합당한 형벌을 주소서

여호와여, 악인이 언제까지 피할 것이며

언제까지 저희가 좋아서 우리를 향해 비웃겠습니까?

그들이 자랑함을 들으십니까?

악한 일을 행하는 자는 악을 자랑합니다

여호와여, 그들이 주의 백성을 파괴하며

주의 기업을 곤고케 합니다

과부와 나그네를 죽이며 고아를 살해하며

그들은 여호와가 보지 못하며

야곱의 하나님이 관여하지 않으리라 말합니다

여호와여, 어리석은 자를 지혜롭게 하시고

주의 행하실 것을 깨닫게 하소서

귀를 지으신 자가 듣지 않겠습니까?

눈을 만드신 자가 보지 않겠습니까?

지식을 창조하신 자가 모르시겠습니까?

열방을 심판하시는 자가 처벌하지 않겠습니까?
주여, 모든 사람의 생각을 아시니
그들이 이유 없이 행하는 것을 아십니다

오, 주여, 주가 교정해 주시는 자들에게 복이 있으니
주의 사랑으로 가르쳐 주시기 때문입니다
이런 사람에게는 환난 날에
악인을 위해 구덩이를 팔 때까지
평안을 주실 것입니다
여호와께서는 그 백성을 버리지 않으시며
그 기업을 떠나지 않으실 것입니다
심판이 의로운 사람에게 임할 때에
마음이 정직한 자는 드러날 것입니다

누가 일어나서 행악자에게 증거하며
누가 죄악 행하는 자에 대해 제 편에 서겠습니까?
오 주여, 여호와께서 제게 도움이 되지 않으셨다면
심판 중에 보호를 받지 못했을 것입니다
여호와여, 저의 발이 미끄러질 때도
주의 인자하심이 저를 붙드셨고
근심으로 제 영혼이 눌려 있을 때도
주의 위안이 평안과 기쁨을 주십니다

경건하지 못한 압제자는 주께서 자기 편이라고 주장하지만
그들의 도는 악함에 기초를 둔 것입니다
그들이 주님의 법으로 살아가는 사람들을 공격하며
그들을 다치게 하지 않았던 무죄한 자를 죽입니다
주여, 주는 저의 보호자시요
피할 권능의 반석이십니다
주께서 다른 사람을 위해 계획한 죽음으로 그들을 벌하시며
그들의 죄를 인해 그들을 파멸하시리니
그들을 파멸하실 것입니다
오 저의 하나님 여호와여

†아멘

※ 뉴욕의 월드트레이드 센터에 대한 테러리스트들의 공격 이후 저자에 의해 번역된 것

하나님을 찬양하며 악한 자에게는 경고하는 기도

주여, 제가 주께 노래함으로 나아가며
우리 구원의 반석을 향해 즐거이 부릅니다
감사함으로 그 앞에 나아가며
시로 그를 향해 즐거이 부릅니다
대저 여호와는 크신 하나님이시며

모든 신 위에 위대하신 왕이십니다
땅의 깊은 곳도 주의 손으로 붙드시며
산들의 꼭대기들도 주의 것입니다
바다도 주의 것이라 주가 만드셨고
육지도 주의 손이 지으셨습니다

몸을 굽혀 경배하며
저를 지으신 여호와 앞에 무릎을 꿇습니다
주는 저의 하나님이시며
저는 주의 양 같으며
주의 초장의 사람들 같습니다
오늘날 그 음성을 듣는 사람들은
이스라엘이 광야에서 시험받을 때 한 것처럼
마음을 강퍅하게 해서 주를 분노하게 해서는 안 됩니다
이스라엘의 지도자들은 주의 기적을 보았으나
그들이 방황의 기간 동안 유혹에 빠졌습니다

사십 년 동안 주께서는 그 세대로 슬퍼하신 것은
저희는 마음으로 반역하는 백성이어서
주의 길을 알지 못했습니다
주께서 심판하기로 결정하시고
약속의 땅에 들어오지 못하게 하셨습니다

† 아멘

모든 것과 모든 사람을 통치하시는 하나님을 인정하는 기도

새 노래로 여호와께 노래하니

온 땅이 여호와께 노래 부릅니다

주의 이름을 찬양하며

날마다 주의 구원을 말합니다

주의 영광을 믿지 않는 자에게 선포하며

행하시는 모든 것을 말합니다

여호와는 온 땅에 위대하시니

크게 찬양받으셔야 하며

모든 신보다 두려워해야 할 분이십니다

믿지 않는 자들의 신은 우상이며

여호와께서는 하늘을 지으셨습니다

존귀와 위엄이 주께 속해 있으며

능력과 아름다움이 그 성소에 있습니다

모든 사람들이 영광을 여호와께 돌려야 하며

영광과 권능을 여호와께 돌려야 합니다

여호와의 이름에 합당한 영광을 그분에게 돌리며

예물을 가지고 그 궁정에 들어갈지어다

주의 거룩한 아름다우심을 경배하니

모든 불신자들은 주를 두려워해야 합니다

주가 다스리심과

주가 만드신 땅은 누구도 움직이지 못함을 불신자에게 말합니다

주는 각 사람을 공평하게 심판하십니다

하늘은 즐거워하며 땅은 기뻐하니

바다의 파도는 주의 명령에 포효합니다

주는 만물을 심판하시려고 오시니

세상을 정의롭게 심판하시며

진실을 가려 상 주실 것입니다

† 아멘

여호와께서 장차 통치하실 것을 기뻐하는 기도

여호와께서 통치하시니 땅은 즐거워하게 하시며

멀리 있는 해변들은 기뻐하게 하소서 오 여호와여

두꺼운 흑암의 구름이 둘러쌌고

의와 공의가 그 보좌의 기초입니다

주의 성품은 정결케하는 불이시며

대적하는 모든 것을 소멸하십니다

주께서 번개 불빛처럼 자신을 드러내셔서
모든 사람이 주의 거룩하심을 보며 떱니다
산들이 여호와의 앞에서 초같이 녹았으니
주가 땅의 주가 되십니다
하늘이 그 의를 선포하니
모든 사람은 그 영광을 봅니다
우상을 경배하는 사람들은 수치를 당할 것이며
자신의 우상을 자랑하는 자는
주의 장엄한 영광을 인정하게 될 것입니다

시온이 듣고 기뻐하며
유다의 딸들이 즐거워함은
주께서 정의롭게 심판하시기 때문입니다
여호와여, 주는 온 땅 위에 지존하시고
모든 거짓 신 위에 높임을 받으십니다
주를 사랑하는 사람들로 악을 미워하게 하시며
주께 신실한 사람들을 보호하시고
악인의 손에서 건져내소서
경건한 자에게 주의 빛을 비춰시며
정직한 자에게 축복을 부으소서
주의 백성이 여호와를 기뻐하며
그 거룩한 이름을 찬양하게 하소서

† 아멘

시편 98편
모든 것으로 하나님을 예배하는 기도

새 노래로 주께 노래함은
주께서 기이한 일을 행하셨습니다
오른손과 거룩한 팔로
저를 구원하셨습니다
구원을 알게 하시며
그 의를 열방의 목전에 보이셨습니다
이스라엘에게 주의 자비와
성실을 기억하셨습니다

땅 끝의 모든 사람들이
하나님의 구원에 대해 압니다
만인이 주의 찬송을 즐겁게 외치며
만물이 기쁘게 소리쳐 찬양하며
소리를 발하여 즐거이 노래하며 찬송할지어다
모든 사람은 수금으로 여호와를 찬양하며
노래로 주를 찬양합니다
모든 사람은 주께 기쁨으로 소리치며
나팔을 불고 피리를 붑니다

바다는 포효하는 소리로 찬양케 하소서

산들이 찬양하려고 모일 때

땅과 모든 사람들도 주께 박수치는

강물과 함께 모이게 하소서

주께서 땅을 심판하려고 오시니

주는 만물을 정의롭게 하시며

사람들을 공정하게 심판하십니다

† 아멘

※ 시편

하나님께 대한 반응과 그분이 통치하시는 것을 인정하는 기도

여호와여, 주께서 통치하시니 열방이 떱니다

여호와께서 그룹 사이에 좌정하시니

땅이 요동하게 하소서

주여, 주께서 시온에서 광대하시고

모든 사람들 위에 찬양을 받으십니다

모든 사람이 주의 크고 두려운 이름을 찬송하게 하시는 것은

주가 거룩하시기 때문입니다

능력의 왕이여, 주는 공의를 사랑하시며
공평을 창조하셨습니다
야곱에게 공과 의를 세우셨으니
오, 하나님이여, 당신을 높이며
그 발등상 앞에서 경배합니다
주는 거룩하시기 때문입니다

모세와 아론은 주의 제사장이었고
사무엘도 중보합니다
저희가 여호와께 간구하매
응답하셨습니다
여호와께서 쉐키나 영광의 구름에서 말씀하시니
그들이 주의 말씀을 따랐고
주가 주신 법도 지켰습니다

여호와 우리 하나님이여,
주께서는 그들에게 응답하셨고
고백했을 때 그들을 용서하시며
반역했을 때는 벌하셨습니다
오 주, 저의 하나님, 제가 주를 높이고
그 성산에서 경배함은
여호와 우리 하나님은 거룩하시기 때문입니다

†아멘

하나님의 임재에 들어갈 때 감사의 기도

주여, 제가 주께 즐거이 소리치며
열방의 모든 민족이 함께 찬양합니다
노래하며 주의 임재로 들어갈 때 경배하는 것은
주께서는 저의 하나님이시기 때문입니다
주여, 주님께서 우리를 만드셨고 우리는 주님께 속하니
우리는 주님의 백성이며 주의 목장의 양입니다
감사함으로 그 문에 들어가며
찬송함으로 그 궁정에 들어갑니다
주께서 제게 행하신 모든 것을 감사함으로
거룩한 이름을 송축합니다
여호와는 선하시니 그 인자하심이 영원하고
그 성실하심이 대대에 미칠 것입니다

† 아멘

※ 찬양의 시편

흠 없이 살기 때문에 하나님께 도움을 구하는 기도

인자와 공의를 노래하며
주께 찬양합니다 오 여호와여
죄가 없이 살려고 애쓰는데
주는 언제 오셔서 나를 도우시렵니까?

가족과 친구들과 함께 있을 때
흠 없이 살려고 하며
악한 것을 주의하지 않으며
만족으로 삼지도 않을 것입니다

유혹하며 중독에 빠지게 할 수 있는
악한 행위를 미워합니다
거짓을 말하는 사람들과
관계가 없습니다

친구를 비방하는 사람들을
멀리할 것이며
이기적이고 교만한 사람들을
상관하지 않습니다

주여, 주님을 위해 살아가는

모든 신실한 사람들을 보고 계시며

흠 없이 살아가는 사람들은

삶의 방식으로 주를 영화롭게 합니다

속이는 자는

주와 함께 거하지 못할 것이며

거짓을 말하며 주를 거역하는 자는

주의 임재 앞에 서지 못할 것입니다

악을 사랑하는 사람들을 판단하시려

아침마다 주가 모든 사람의 마음을 시험하시니

주는 주의 임재의 축복에서

모든 악한 일을 행하는 자를 쫓아내십니다

†아멘

※ 다윗의 시편

시편 102~119편

☘ 외로울 때 하는 기도

시편 102편

외롭거나 상심한다 해도 이상한 일이 아닙니다. 많은 사람들은 자신들이 사는 도시나 다른 사람들과 함께 있는 장소에서 일할 때조차도 다른 사람으로부터 단절되어 있다고 느낍니다. 외로움은 환경적인 것이 아니며 누구도 대충 넘어갈 수 없는 것입니다. 외로워하는 것은 당신의 내적 자아입니다. 그것은 당신이 느끼는 것입니다. 시편 기자도 당신이 느끼는 외로움을 느꼈습니다. "나는 광야의 당아새 같고 황폐한 곳의 부엉이같이 되었사오며 내가 밤을 새우니 지붕 위에 외로운 참새 같으니이다"(시 102:6-7).

주님, 확실히 제가 아는 한 가지는 제가 외롭다는 것입니다.

외로울 때는 어떤 것도 그다지 중요하지 않습니다. 당신은 행복하지 않으며 어떤 것에도 할 만한 가치를 못 느낍니다. "나는 재를 양식같이 먹으며 나의 마심에는 눈물을 섞었사오니"(시 102:9).

주님, 제가 하는 모든 일이 왜 허망할까요?

외로울 때 하나님께 부르짖으세요. "여호와여 내 기도를 들으시고 나의 부르짖음을 주께 상달케 하소서 나의 괴로운 날에 주의 얼굴을 내게 숨기지 마소서"(시편 102:1-2).

주님, 제가 혼자 여기 있습니다. 저는 지금 주님을 필요로 합니다.

당신을 알고 계시는 유일한 존재는 하나님이시므로 당신은 하나님을 알 수 있다는 것을 깨닫기 바랍니다. "여호와여 주는 영원히 계시고"(시 102:12). 따라서, 당신도 하나님과 함께 영원히 있을 것입니다. 그러므로 하나님은 당신이 누구인지 아시고, 그분은 당신이 있는 곳을 아십니다. 하나님은 당신이 외롭다는 것을 아시며, 그분은 당신의 인생을 향한 계획을 가지고 계십니다. "주의 종들의 자손이 항상 있고 그 후손이 주의 앞에 굳게 서리이다 하였도다"(시 102:28). 주님, 주님은 저를 아시고, 제가 얼마나 비참하게 느끼는지도 알고 계십니다. 제게 오셔서 주님이 실제라는 것을 알게 해주소서.

하나님께서 당신을 보시며 인도하시는 것을 알아야 합니다. "여호와께서 그 높은 성소에서 하감하시며"(시). 보소서, 제가 여기 있나이다. 저를 보소서.

외로울 때 상처받게 되며, 종종 자신의 육체를 상하게 할 수도 있습니다. 당신이 필요로 하는 것은 관계입니다. 하나님은 우리를 사회적 창조물로 만드셨고, 모든 사람은 다른 누군가를 필요로 합니다. 만약, 하나님과의 관계가 건강하다면, 다른 사람과도 건강한 관계를 만들 수 있습니다. 시편 23편을 보시기 바랍니다. 주님과 당신의 관계의 투영인 목자와 양의 관계에 대한 것입니다. "여호와는 나의 목자시니 내가 부족함이 없으리로다"(시 23:1). "부족함이 없으리로다"라는 구절을 보셨습니까? 외로운 사람은 관계를 원합니다. 그들은 많은 것을 원합니다. 그들은 재미, 의미, 행복한 시간을 원합니다. 물론, 그것은 관계와 함께 시작합니다. 주님, 저는 잃어버린 양입니다. 저를 보호하소서. 저는 주님이 필요합니다.

시편 23편을 아십니까? 양과 목자 간의 관계 그리고 당신과 주님의 관계가 어떻게 발전하는지 주목하십시오. "그가 나를 인도하시며… 그가 나를 누이시며… 그가 내 영혼을 소생시키시고…" 주님 오셔서 저를 인도해 주소서. 목자가 당신을 위해서 한 일을 주목하세요. "나와 함께 하며… 내 목전에 상을 베푸시며… 내 머리에 기름으로 바르셨으니…" 주여, 저는 외롭습니다. 오셔서 저의 외로움을 가져 가소서.

외로움을 위한 가장 좋은 해독제는 무엇입니까? 하나님은 미래 관계를 약속합니다. "내가 영원히 여호와의 집에 거하리로다."

시편 102편

하나님의 영원한 계획을 인정하기 때문에 압박받는 사람의 구원을 위한 기도

오, 주여, 제 기도를 들으시고
도움을 구하는 저의 간구에 귀를 기울이소서
저의 괴로운 날에
주의 얼굴을 제게 숨기지 마소서

제게서 멀리 떠나지 마시고
속히 제게 응답하소서
대저 제 날이 연기같이 소멸하며
제 뼈가 항상 상합니다

저의 영혼은 잘린 풀처럼 말라 가며
저는 식욕을 잊어버렸습니다
저는 항상 신음하며
저의 살이 뼈에 붙었습니다
저는 광야에서 길을 잃은 올빼미 같고
밤에 잠을 잘 수 없으며
지붕 위에 외로운 참새 같습니다

원수들이 종일 저를 비방하며
저주하며 평판을 무너뜨립니다
재를 양식같이 먹으며
저의 음료에는 눈물이 섞여 있습니다

이는 주의 분과 노를 인함이라
주께서 저를 드셨다가 던지셨습니다
제 날이 기울어 가는 밤의 그림자 같고
저는 풀이 시들어 가는 것과 같습니다

여호와여, 주는 영원히 계시고
주의 이름은 대대에 알려질 것입니다
주께서 일어나사 예루살렘을 긍휼히 여기시리니
정해진 시간이 다가올 때
예루살렘에 긍휼을 베푸실 것입니다

주는 시온 벽의 모든 돌을 사랑하시며
거리의 먼지조차 사랑하십니다
열방이 여호와의 이름 앞에 떨 것이며
세계 열왕이 주의 영광을 두려워할 것입니다
여호와께서 시온을 건설하시니
영광 중에 나타나실 것입니다
여호와께서 마침내 짓밟힌 자의 기도에 응답하실 것이며

저희 부르짖음을 더 이상 외면하지 않으실 것입니다
이 일이 장래 세대를 위해 기록되게 하셔서
아직 태어나지 않은 저도 여호와를 찬송하게 하소서
핍박받은 자의 탄식을 들으시며
해방과 자유를 주시기 위해
주께서 하늘에서 내려다보실 것이라는 것을 기록하게 하소서
여호와의 이름이 시온에서 선포될 것이며
예루살렘에서 찬양받으시게 됨은
다수의 민족들과 나라들이
모두 와서 주를 경배할 것이기 때문입니다

제 인생을 중도에 단축하시며
저의 힘을 약하게 하셨습니다
제가 영원히 사시는 주께 부르짖기를
아직 젊으니 저의 인생을 중단하지 마소서

태초에 주께서 땅의 기초를 두셨으며
하늘도 주의 손으로 지으셨습니다
천지는 없어지려니와 주는 영존하시겠고
그것들은 다 헌 옷같이 낡을 것입니다
주께서 새 옷으로 바꾸실 것이며
걸레처럼 버리실 것입니다
주는 영원히 동일하게 계셔서

주의 연대는 무궁할 것입니다

주의 종들과 그 후손이 주의 앞에 영원히 살 것이며
그들의 후손의 후손들도
주 앞에 굳게 서리이다 했습니다

† 아멘

※ 핍박받는 사람이 놀라며 주님 앞에 불평을 쏟아 낼 때 그의 기도

주님의 선한 역사와 성품을 송축하는 기도

저의 영혼 깊은 곳에서 여호와를 송축하며
제 속에 있는 것들이 모두 그 성호를 송축합니다
거룩한 이름을 송축하며
제 속의 밑바닥에서부터 주를 찬양하며
그 모든 은택을 잊지 않습니다

모든 죄악을 용서하시며
모든 병을 고치시며
저의 생명을 파멸에서 구속하시고
저의 인생을 인자와 긍휼로 장식해 주십니다
좋은 것으로 제 소원을 만족케 하사

저의 인생을 독수리같이 새롭게 하십니다

압박당하는 모든 자에게
여호와께서 의와 공평을 주시며
주의 말씀을 모세에게 알리셨으며
그 행사를 이스라엘 자손에게 알리셨습니다
여호와는 자비로우시며 은혜로우시며
노하기를 더디 하시며 인자하심이 풍부하십니다
항상 나무라지 아니하시며
노를 영원히 품지 않습니다
우리의 죄에 따라 대하지 아니하시며
우리의 죄악을 따라 갚지 않습니다

하늘이 땅보다 높음같이
우리에게 향하신 사랑이 크십니다
동이 서에서 먼 것같이
저희 죄과를 저희에게서 멀리 옮기셨습니다
아비가 자식을 불쌍히 여김같이
여호와께서 자기를 경외하는 자를 불쌍히 여기십니다
주가 저희의 체질을 아시며
저희가 진토인 것을 기억하십니다

인생은 그 날이 풀과 같으며

그 영화가 들의 꽃과 같습니다
저희가 마치 거기에 없었던 것처럼
바람은 저희에게 불어와서 사라져 버립니다
여호와의 사랑은 자기를 경외하는 자에게
영원부터 영원까지 이르며
자손의 자손에게 미칠 것입니다
또한 그 언약을 지키고 그 법도를 순종하는 자에게
베푸실 것입니다

여호와께서 그 보좌를 하늘에 세우시고
만유를 통치하십니다
주의 말씀을 듣는 능력의 존재인
모든 천사가 주를 송축합니다
주를 섬기며 주의 뜻을 실행하는
모든 하늘의 천군천사가 주를 송축합니다
모든 주의 피조물, 즉 주의 나라의 모든 것이
주를 송축합니다 여호와여
저의 영혼도 주를 송축합니다 여호와여

†아멘

※ 다윗의 시편

창조의 위대함 때문에 주님을 송축하는 기도

영혼의 깊은 곳에서부터 여호와를 송축함은
주는 위대하시기 때문입니다
주 여호와 하나님이여
존귀와 권위를 입으셨으며
빛의 옷을 입으셨습니다
하늘을 휘장같이 치시며
비 위에 주의 집의 지붕을 펴시니
구름으로 자기 전차를 삼으시고
바람 날개로 다니십니다
천사들은 주의 사자이며
번개의 불빛은 주님의 종입니다

주께서 땅을 그 기초 위에 두셔서
영원히 요동치 않게 하셨습니다
옷으로 덮음같이 땅을 바다로 덮으시며
물이 가장 높은 산들을 덮었습니다
주의 명령을 인하여 도망하며
주께서 우렛소리로 말씀하시니 물러갑니다
산이 떠올라서 다시 보이며

골짜기는 나타났으며
빨리 가서 주의 정하신 처소에 이릅니다
주께서 바다의 경계를 정해
결코 땅을 덮지 못하게 하셨습니다

여호와께서 샘에서 골짜기로 물을 쏟아 부으시고
물이 언덕 아래로 흘러나오게 하셔서
숲의 각 짐승에게 마시게 하니
들 나귀들도 해갈하며
공중의 새들이 시냇가에서 둥지를 만들며
나뭇가지 사이에서 노래합니다
주께서 하늘의 집에서 산에 비를 주시니
땅에 과일이 자라게 합니다
주께서 가축을 위한 풀과
우리를 위한 채소를 자라게 하시며
땅에서 음식을 가져오십니다

마음을 기쁘게 하는 포도주와
사람의 얼굴을 빛나게 하는 기름과
사람의 마음을 힘 있게 하는 양식을 주셨습니다
여호와의 나무는 충분히 물을 공급받으며
레바논 백향목이 자라게 합니다
새들이 그 가지에 둥지를 만들고

학은 잣나무로 집을 삼습니다
높은 산들은 산양을 위함이며
너구리는 바위 절벽에 숨을 것입니다

달로 절기를 정하심이여
해는 예정된 방식을 따라 움직입니다
주께서 흑암을 데리고 오시니 밤이 따라오며
삼림의 모든 짐승이 기어 나옵니다
젊은 사자가 먹이를 쫓아 부르짖으며
모든 것을 다스리시는 것은 바로 주님이십니다
해가 돋으면 동물들은 물러가서 그 굴혈에 눕고
사람은 낮이 되면 나와서 노동하며
저녁까지 수고합니다

주여, 지혜로 주께서 모든 것을 만드셨으며
땅은 주의 피조물로 가득합니다
저기 크고 넓은 바다가 있고
그 속에 동물 곧 대소 생물이 무수히 많습니다
배는 바나 위를 다니며
주의 지으신 고래가 그 속에서 노닙니다
모든 바다 생물들을 때를 따라서
주의 은혜로운 손으로 먹여 주십니다
주께서 주시는 음식으로 모이며

주께서 손을 펴신즉 만족하다가

주께서 공급을 끊으실 때 저희가 떨고

주께서 저희 호흡을 취하신즉 저희가 죽어 본 흙으로 돌아갑니다

주의 영을 보내실 때 새 생명이 태어나며

이 방식으로 주는 계속 지면을 새롭게 하십니다

여호와의 영광이 영원히 계속될 것이며

주께서 주의 만드신 모든 것을 즐거워하게 하소서

주께서 땅을 보신즉 땅이 진동하며

산들에 접촉하신즉 연기가 발합니다

그것들이 주를 항상 찬양하며

살아 있는 동안 저의 하나님을 찬양할 것입니다

제가 주를 기뻐하오니

주께 대한 저의 모든 생각을 즐거워하시기 원합니다

죄인은 땅에서 소멸되며

악인은 완전히 사라질 것입니다

저의 영혼이 여호와를 송축합니다

할렐루야

애굽에서 구원하시는 하나님을 기억하는 기도

여호와께 감사하며

그 이름을 불러 아뢰며

그 행사를 만민 중에 말합니다

그에게 노래하며

그를 찬양하며

그의 모든 기사를 말합니다

저는 성호를 자랑하니

여호와를 구하는 자는 마음이 즐거울 것입니다

주의 능력을 구하며

그 얼굴을 항상 구합니다

저는 주의 행하신 기사와 기적을

기억합니다

그 종 아브라함의 후손이

택하신 야곱의 자손인 것을 기억하기 원합니다

그는 여호와 우리 하나님이시며

주의 판결을 땅 어디에서나 볼 수 있습니다

주께서는 맺으신 언약을 기억하시며

주의 말씀은 천대 동안 있습니다

이것은 아브라함에게 하신 언약이며

이삭에게 하신 맹세며

다음에는 야곱에게 확증하셨습니다

주께서는 영원히 이스라엘에게 그것을 지키실 것입니다

주께서 이스라엘의 땅을 그들에게 주기로 약속하셔서

자신들의 기업의 일부가 되게 하셨습니다

때에 저희가 인구가 거의 없어서

그 땅에 객이 되어

이 족속에게서 저 족속에게로

이 나라에서 다른 민족에게로 방황하고 있었습니다

사람이 그들을 대적하는 것을 용납하지 아니하시고

열왕을 꾸짖어

이르시기를 "나의 기름 부은 자를 만지지 말며

나의 선지자를 상하지 말라" 하셨습니다

모든 주의 백성의 음식 공급을 중단하기 위해서

땅에 기근을 보내셨습니다

그들을 구원하시려고 한 사람을 앞서 보내셨고

요셉이 종으로 팔렸습니다

발이 쇠고랑에 멍이 들었고

그 몸은 쇠사슬에 매였습니다

그때 요셉은 통과해야 할 다가올 일에 대한 예언을 들었고

그가 주께로부터 들은 말씀은 진리였습니다
왕이 사람을 보내어 저를 풀어 주었고
열방의 통치자가 저를 자유하게 했습니다
저를 왕의 집의 관리자와
그 땅의 음식 담당관으로 삼았습니다
왕자들이 무엇을 해야 할지 명령하며
지혜로 장로들을 교훈했습니다
이에 야곱이 애굽에 들어감이여
야곱이 죽을 때까지 거기서 머물렀습니다
여호와께서 그 백성을 크게 번성케 하사
애굽인보다 다수가 되게 하셨으며
또 저희 마음을 변하여 그 백성을 미워하게 하시며
그 백성들을 노예로 만들었습니다
모세를 지도자로 세우셨고
아론은 모세를 섬기도록 선택하셨습니다
그들이 애굽인에 대해서 기적을 행했고
모든 사람에게 주의 기사를 보였습니다
여호와께서 흑암을 보내사 땅을 어둡게 하시니
그들이 주의 말씀을 거역했기 때문입니다
저희 물을 변해 피가 되게 하사
저희 물고기를 죽게 하셨습니다
개구리를 애굽의 모든 곳에 보내셨고
왕의 궁실에도 있었습니다

여호와께서 말씀하신즉 파리 떼가 오며

저희 사경에 이가 생겼습니다

비 대신 우박을 내리시며

저희 땅에 화염을 내리셨습니다

저희 포도나무와 무화과나무를 치시며

저희 사경의 나무와 농작물을 파괴하셨습니다

여호와께서 말씀하신즉 황충과 무수한 메뚜기가 이르러

저희 땅에 모든 채소를 먹으며

그 밭에 열매를 먹었습니다

여호와께서 또 저희 땅의 모든 장자를 치시니

곧 모든 가정의 상속자입니다

그들을 애굽에서 인도해

은금을 가지고 나오게 하시며

그 지파 중에 아픈 자가 하나도 없었습니다

그들의 떠날 때에 애굽이 기뻐했으니

저희가 무슨 일이 일어날지 두려워했기 때문입니다

낮은 구름으로 그들을 인도하시고

밤에는 그들을 인도할 불을 주셨습니다

음식을 구한즉 메추라기로 오게 하시며

하늘의 빵으로 그들을 먹이셨습니다

반석을 가르신즉 물이 흘러나서

사막에 강같이 흘렀으니

이는 그 거룩한 약속과

그 종 아브라함을 기억하셨습니다

그 백성을 애굽에서 기쁨의 외침과

즐거움으로 나오게 하셨습니다

이방인이 차지한 땅을 저희에게 주셨고

주의 백성이 다른 사람이 지은 것을 상속받게 하셨습니다

그들이 주의 법을 지키며

주의 명령을 준수하게 하셨습니다

제가 주를 찬양합니다

시편 106편
인간의 불순종을 기억하고 하나님의 신실함을 열거하는 기도

오, 주여, 주를 찬양하며

오, 주여, 주께 감사를 드립니다

주는 선하시며

주의 인자하심이 영원하시기 때문입니다

누가 능히 여호와의 능하신 행동을 선포하며

누가 능히 주님께 찬양을 넘치게 드릴 수 있습니까?

공의를 지키는 자들과

항상 의를 행하는 자는 복이 있습니다

주의 백성에게 은혜를 베푸실 때 저를 기억하시며
그들을 구원하실 때도 저에게 오시옵소서
저로 주의 택하신 자의 형통함을 즐거워하기 원하며
주의 백성의 기쁨으로 즐거워하게 하시며
주를 찬양하는 주의 기업과 함께하게 하소서

우리가 열조와 함께 범죄해
악한 일을 하며 악을 지었습니다
저희 열조가 애굽에서 주의 기사를 깨닫지 못하며
주의 많은 인자를 기억하지 않고
홍해를 가르실 수 있다는 것을 의심했습니다
주께서 자기 이름을 위해 저희를 구원하셨으니
그 큰 권능을 알게 하려 하십니다
홍해를 꾸짖으시니 곧 마르매
모래땅 위를 건너도록 그들을 인도하셨습니다

저희를 바로의 손에서 구원하시며
그 원수의 손에서 구속하셨고
물이 애굽인들을 덮으매
하나도 남지 않았습니다
저희가 그 말씀을 믿고
주께 찬송을 불렀습니다

저희가 곧 그 행사를 잊어버리며
주의 명령을 순종하지 않았습니다
광야에서 욕심을 크게 발하며
사막에서 하나님을 시험했습니다
여호와께서 저희의 요구한 것을 주셨을지라도
그 영혼을 파리하게 하셨습니다

저희가 모세의 지도력과
주께서 세우신 아론에 대해 불평했습니다
땅이 갈라져 다단을 삼키며
아비람 일당들을 덮었으며
불이 그 진중에 붙었으니
화염이 악인을 살랐습니다

저희가 호렙 산에서 금송아지를 만들었고
우상을 숭배해
주의 영광을 예배하기를 그치고
풀 먹는 소의 형상을 예배하기 시작했습니다
애굽에서 큰 일을 행하신
그 구원자 하나님을 저희가 잊었으니
그분은 홍해에서 그들을 구원하셨습니다
여호와께서 저희를 멸하리라 하셨으나
모세가 중보자로 서서

주는 그들을 멸하시지 않으셨습니다

저희가 그들에게 주신 땅을 멸시하며
그 언약을 믿지 아니하고
저희 장막에서 살인하며
여호와의 말씀을 청종치 않았습니다
그분이 맹세하시기를 그들이 광야에서 죽으며
땅 위에 흩어지게 하리라 하셨습니다

저희가 바알브올과 연합하고
생명 없는 우상에게 드린 제사를 먹어서
그 행위로 주를 격노케 함을 인해
재앙이 그 중에 유행했습니다
비느하스가 일어나 정의롭게 행동했으니
재앙이 그쳤습니다
이 일을 저에게 의로 정했으니
대대로 주목하도록 하셨습니다
저희가 또 므리바 물에서 여호와를 노하시게 했으므로
저희로 인해 결과가 모세에게 미쳤나니
이는 저희가 그 심령을 거역함을 인해
모세가 그 입술로 망령되이 말했습니다

저희가 여호와의 명을 좇지 않아

그 땅의 거주민을 멸하지 아니하고
열방과 섞여서 그 행위를 배우며
그 우상들을 섬기므로
그것이 저희에게 올무가 되었습니다
저희가 그 자녀로 귀신에게 제사했고
무죄한 피 곧 저희 자녀의 피를 흘려
우상에게 제사하므로 그 땅이 피에 더럽혀졌습니다
저희는 그 행위로 더러워지며
악한 행위로 매춘부가 되었습니다

여호와께서 자기 백성에게 맹렬히 노하시며
자기 기업을 미워하심은 놀랄 일이 아닙니다
이방 나라들의 손에 붙이셨고
저희를 미워하는 자들이 저희를 다스렸습니다
저희가 원수들의 압박을 받고
그 수하에 복종케 되었습니다
여호와께서 여러 번 저희를 건지시나
저희가 거역했고
자기 죄악으로 인해 파괴를 당했습니다

여호와께서 저희의 부르짖음을 들으실 때에
저희와 맺은 언약을 기억하시고
궁핍함을 보시며 그들에게 자비를 보였으니

압제자들이 그들을 불쌍히 여기도록 하셨습니다

이스라엘이 말하기를 "우리를 구원하사

열방 중에서 모으시고

우리로 주의 성호를 감사하며

주의 영예를 찬양하게 하소서" 합니다

주여, 이스라엘의 하나님을 찬양하오니

영원부터 영원까지 사람들이

아멘! 하게 하소서

시편 107편

거역할 때 하나님이 처벌하시는 것과 순종할 때 축복하시는 것을 알게 해주는 기도

여호와께 감사하니

그분은 선하시기 때문입니다

구속된 자들은

여호와께서 대적에게 구원하셨다고 말하게 하소서

주가 모든 땅에서 동에서 서로 남에서 북까지

그들을 모으셨습니다

저희가 사막에서 외롭게 방황하며

정착할 성을 찾지 못하고
주리고 목마름으로
그 영혼이 속에서 피곤했습니다
저희가 근심 중에 여호와께 부르짖으매
그 고통에서 건지셨습니다

오른손으로 인도하사
정착할 성에 이르게 하셨습니다
여호와의 인자하심과 인생에게 행하신 기이한 일을 인해
모든 이가 그를 찬송할 것은
저가 목마른 영혼을 만족케 하시며
주린 영혼에게 좋은 것으로 채워 주시기 때문입니다

사람이 흑암과 사망의 그늘에 앉으며
곤고와 죄에 매임은
하나님의 말씀을 거역하며
지존자의 충고를 멸시함 때문입니다
오 지극히 높으신 이여
고통에 저희 마음을 묶으셨으니
묶임에서 그들을 나오게 할 수 있는 자가 없었습니다
저희가 근심 중에 여호와께 부르짖으매
그 고통에서 구원하시되
사망의 그늘에서 인도해 내시고

그 얽은 줄을 끊으셨습니다
여호와의 인자하심과
인생에게 행하신 기이한 일을 인해 감사하게 하소서

묶고 있는 놋문을 깨뜨리시며
그들을 가두는 감옥 문을 꺾으셨으니
죄악 때문에 어리석은 자가 되었고
죄 때문에 곤란을 당합니다
아무 것도 먹고 싶지 않으니
거의 사망의 문으로 들어갔었습니다

저희가 근심 중에 여호와께 부르짖으매
그 고통에서 구원하시되
그분이 그 말씀을 보내어 저희를 고치사
파괴에서 건지셨습니다
여호와의 인자하심과 인생에게 행하신 기이한 일을 인해
그분을 찬송할 것이며
감사제를 드리며 노래해
찬송으로 행사를 선포합니다

배로 바다에 나가며 큰물에서 일하는 자가
여호와의 행사와
깊은 곳에서 주가 하신 일을 보았습니다

여호와께서 명하신즉 광풍이 일어나서
바다 물결을 일으키시기 때문입니다
저희가 하늘까지 올랐다가
해양의 깊은 곳에 내리니
그 폭풍을 인해 그 영혼이 죽을 것 같습니다
저희가 이리 저리 구르며 취한 자같이 비틀거리니
그들은 무엇을 해야 할지 모릅니다

저희가 그 근심 중에서 여호와께 부르짖으매
그 고통에서 인도해 내시고
광풍을 평정히 하사 물결로 잔잔케 하십니다
폭풍을 부드러운 미풍으로 잔잔케 하셔서
포효하는 파도도 잠잠해졌습니다
바람이 가볍게 불 때 그들은 기뻤고
주께서 저희를 소원의 항구로 인도하십니다
여호와의 인자하심과 인생에게 행하신 기이한 일을 인해
그분을 찬송할 것입니다

회중에서 주께 감사하게 하시고
장로들의 모임에서 찬송하게 하소서
그 거민의 악함 때문에
옥토를 소금밭이 되게 하셨으며
여호와께서는 강을 변하여 광야가 되게 하시며

샘을 마른 땅이 되게 하시며

또 광야를 변하여 못이 되게 하시며

마른 땅 위에 물을 쏟아 부으십니다

주린 자로 거기 거하게 하사

저희로 거할 성을 세우게 하시고

밭에 파종하며 포도원을 재배해

풍성한 소산을 생산하게 하실 것입니다

복을 주사 저희를 크게 번성케 하시고

그 가축이 감소치 않게 하실 것입니다

그들이 압박과 적대와 슬픔을 선택할 때

다시 감소하고 약해질 수 있습니다

주께서는 거만한 통치자를 겸손하게 하실 수 있으며

광야에서 길 잃어 방황하게 하실 수 있습니다

겸손한 자는 곤란에서 높이 드시고

그 가족을 양떼처럼 증가시키십니다

정직한 자는 주께서 하신 것을 보고 기뻐하며

모든 악인은 주를 인정하려 하지 않으니

지혜로운 자들은 이런 일들을 주시하고

그들은 주께서 사랑으로 일하심을 깨닫습니다

† 아멘

전쟁 중에 도움을 구하는 기도

하나님이여, 제 마음을 정했으니
온 마음으로 노래할 것입니다
주를 찬양하기 위해 새벽을 깨울 것이며
깨어서 하프와 기타를 연주할 것입니다
여호와여 제가 만민 중에서 주께 감사하고
불신자들 중에서 주를 찬양하오니
대저 주의 인자하심이 하늘 위에 광대하시며
주의 진실은 궁창에 미칩니다
하나님이여, 주는 하늘 위에 높이 들리시며
주의 영광이 온 세계 위에 퍼지기를 원합니다

제게 오사 오른손으로 구원하시며
주를 사랑하는 자를 구원하소서
하나님이 성소에서 말씀하셨으니
주께서 세겜과 숙곳 골짜기를 명하셨습니다
길르앗이 주의 것이요 므낫세도 주의 것이며
에브라임은 주의 왕관이며 유다는 주의 홀이며
모압을 던지고 에돔에서는 주의 발을 씻으셨으며
블레셋을 이기셨습니다

누가 저를 이끌어 견고한 성에 들이며
누가 모압을 이겨 승리로 인도할 것입니까?
오, 주여, 우리를 위해 그 일을 하지 않으십니까?
죄 때문에 거절하셨고
군대와 함께 더 이상 같이 싸우지 않으십니까?

대적과의 싸움에서 우리를 도우소서
사람의 도움으로는 충분하지 않기 때문입니다
오, 하나님이여, 주님과 함께 용감하게 행하는 것은
주님이 우리 대적을 밟으실 것이기 때문입니다

† 아멘

※ 다윗의 시편이나 노래

시편 109~119편

♧ **화났을 때 하는 기도**

저주하는 시편들

시편 기자가 적에 대해서 심판과 처벌을 표현하는 몇몇 시편이 있습니다. 시편 기자는 그의 대적들이 처벌받거나 죽임을 당하거나 심지어는 지옥에 던져지기를 기도하고 있습니다. '저주하는(imprecatory)'이라는 단어는 심판(judgment), 즉 하나님이 자신의 대적을 심판하는 기도를 의미합니다. 대부분의 모든 사람들은 다른 사람이 자신을 공격할 때 이러한 인간적 감정을 가지고 있습니다. 때때로 대부분의 사람들은 그들에게 상처를 주는 사람들에게 복수하고 싶어 합니다.

주님, 저의 동기를 정결케 하소서.

　그러나 도덕적인 질문이 생깁니다. 기독교인이 또 다른 사람을 처벌해 달라고 기도할 수 있습니까? 다른 사람을 처벌하거나 혹은 심지어 다른 사람들을 지옥으로 던져 달라고 하나님께 기도하는 것이 산상수

훈과 예수님의 기준 안에서 도덕적으로 정당화될 수 있습니까? 사랑은 어디 있습니까? "서로 용서하기를 하나님이 그리스도 안에서 너희를 용서하심과 같이 하라"(엡 4:32)가 어디에 있습니까? 많은 저주적인 시편이 있지만 그것들 중의 소수는 다른 것들, 예를 들어 2, 37, 69, 70, 109편과 143편보다 훨씬 더 복수심에 불타고 있습니다.

무엇보다도 이런 구절들은 단순히 인간의 분노의 표현이라기보다 오히려 "모든 성경은 하나님의 감동으로 된 것으로"(딤후 3:16)입니다. 개인이 그들의 깊은 곳에 있는 감정을 표현하지만 하나님은 그들에게 영감을 주고 그들을 성경에 포함시켰습니다. 하나님께서 성경에 매우 슬프고 부정적인 감정을 표현하는 저주적인 시편을 왜 포함시키셨는지 판단해 보아야 할 것입니다.

시편 기자는 단지 처벌을 위해 기도하고 있지 않습니다. 오히려 이런 시편들은 하나님의 목적을 위한 시편 기자의 질투와 열정을 보여 줍니다. 대부분의 경우에 이런 시편들은 선전포고들입니다. 어떤 사람이 시편 기자를 죽이고자 합니다. 검이 꺼내어지고 화살은 날아갑니다. 피가 흐르고 있습니다. 그 대적은 거룩함을 미워하고 하나님을 멸시하고, 그리고 시편 기자의 대적이므로 자신을 죽이려고 하는 대적에 대적해서 기도합니다. 대적은 하나님의 목적과 하나님의 사람을 파괴하고자 합니다.

주님, 저의 전쟁이 다가올 때 지켜 주소서.

또한, 시편 기자는 하나님께서 처벌하시도록 기도하고 있습니다. 이런 시편은 개인적 복수를 위해 기도하고 있지 않고, 오히려 시편 기자가 하나님께 맡김으로 복수를 벗어나려는 시편 기자의 의지의 표현입니다.

또 다른 면으로 이들 시편은 하나님과 사탄 사이의 계속적인 전쟁, 즉 하늘과 지옥 사이의 충돌을 보여 줍니다. 이런 충돌은 모든 신자의 삶에 많이 나타나기 때문에 모든 신자들은 사탄과 귀신들에 대해 이런 저주적인 시편으로 기도할 수 있어야 합니다. 사탄은 하나님의 백성인 교회를 미워하는 것만큼 하나님의 언약 백성인 유대인을 미워한다는 것을 기억하세요.

주님, 저의 대적으로부터 저를 보호해 주소서.

대적의 심판을 위해 기도할 때, 올바른 동기로 해야 합니다. 즉 대적들은 하나님을 미워한다는 것을 기억해야 합니다. 하나님이 말씀하시기를 "그것들에게 절하지 말며 그것들을 섬기지 말라 나 여호와 너의 하나님은 질투하는 하나님인즉 나를 미워하는 자의 죄를 갚되 아비로부터 아들에게로 삼사 대까지 이르게 하거니와"(출 20:5). 당신은 그 구절에서 (사람을) 구분하는 진술을 보았습니까? 그것은 "나를 미워하는 그들"에 대한 것입니다. 하나님이 그들을 처벌하실 것이라면, 어떻게 우리가 다르게 기도할 수 있겠습니까?

예수님은 우리에게 예수님의 기도, 즉 "우리가 우리에게 죄 지은 자를 사하여 준 것 같이 우리 죄를 사하여 주옵시고"(마 6:12)라고 가르쳐 주셨습니다. 그것은 하나님이 그들을 심판하실 것을 알 때라도, 우리는 우리의 대적을 첫 번째로 용서해야 한다는 것입니다. 또 다른 장소에서 예수님은 "그러나 너희 듣는 자에게 내가 이르노니 너희 원수를 사랑하며 너희를 미워하는 자를 선대하며 너희를 저주하는 자를 위하여 축복하며 너희를 모욕하는 자를 위하여 기도하라"(눅 6:27-28)고 말씀하셨습니다. 대적 때문에 기도할 때, 용서의 영을 가져야 한다는 것을 의미합니다. "그들을 축복할 때" 그리고 "당신을 모욕하는 자를 위해 기도할 때", 당신의 마음은 하나님 앞에서 바로 서있어야 하며, 당신은 그들이 회개하기를 소원해야 합니다.

그렇지만, 당신이 대적을 축복하는 것에는 이면이 있습니다. 바울은 우리의 대적을 위해 기도하면 어떤 행동을 유발하는지 우리에게 이야기해 주고 있습니다. 바울은 "너희가 친히 원수를 갚지 말고 진노하심에 맡기라 (롬 12:19)"고 합니다. 왜 "당신의 대적에게 복수하지" 말아야 합니까? 왜냐하면 "원수 갚는 것이 내게 있으니 내가 갚으리라고 주께서 말씀하시니라"(롬 12:19)고 이야기하고 있기 때문입니다. 만약 당신이 대적에게 음식을 주고, 마실 것을 주고, 그들을 위해 기도한다면 어떤 일이 일어납니까? "그리함으로 네가 숯불을 그 머리에 쌓아 놓으리라"(롬 12:20) 그러므로 당신의 대적을 축복해서, 반대되는 일이 발생하는 것입니다. 만약 그들이 하나님의 축복을 거절한다면, 그분은 그들을 심판하십니다.

그러므로 구약에서 시편 기자는 그의 대적에 대한 심판을 기도했습니다. 신약에서는 예수님이 당신의 대적들을 축복하라고 말씀하셨습니다. 대적들이 하나님의 축복을 거절한다면 그는 숯불을 자기 머리에 쏟아 부을 것입니다. 그러므로 구약의 저주하는 시편과 산에서 설교하신 예수님의 가르침 사이의 결과에는 전혀 차이가 없습니다. 예수님이 마음의 태도에 초점을 맞춘 반면에 저주하는 시편은 마지막 결과에 초점을 맞추는 것입니다.

주님, 저는 저의 대적에게 심판해 달라고 기도하지 않습니다. 저는 그들을 축

복에 달라고 기도합니다.

저주하는 시편들

시편 2편 : 여호와의 진노

시편 7편 : 여호와는 정의로우십니다

시편 35편 : 옹호를 위한 기도

시편 37편 : 주님 안의 기쁨

시편 55편 : 친구가 배신했을 때

시편 58편 : 주님이 복수해 주심

시편 59편 : 구원을 구하는 기도

시편 69편 : 도움을 위한 긴급한 요청

시편 70편 : 나의 구원자 하나님

시편 79편 : 회복을 구하는 기도

시편 82편 : 가난한 자를 변호하소서

시편 83편 : 의인의 대적들

시편 88편 : 고난받는 자의 기도

시편 94편 : 하나님께 속한 복수

시편 109편 : 거짓된 고소자에 대한 심판

시편 137편 : 시온을 기억하소서

시편 139편 : 하나님은 우리를 친밀하게 알고 계십니다

시편 140편 : 보호를 구하는 기도

시편 143편 : 인도를 구하는 기도

핍박하는 대적에 대한 심판의 기도

제가 주를 찬송하나이다 오 하나님이여
제가 필요할 때 잠잠하지 마옵소서
악하며 속이는 대적은 저를 치며
거짓된 혀로 제게 말하며
제가 하는 모든 것을 미워하며
무고히 저를 공격했습니다
그는 제가 우정을 베풀 때도
도리어 대적하니
저는 아무 것도 할 수 없고 기도할 뿐입니다
그가 악으로 저의 선을 갚으며
제가 그에게 보인 사랑을 미워했습니다

그를 적대하는 악인을 일으키시며
고소자 사탄이 그의 오른편에 서게 하소서
그를 심판하시고 그에게 유죄를 선언하소서
자비하심을 구하는 그의 부르짖음이 그를 정죄하게 하소서
그 연수를 단축케 하시며
그 자리를 타인이 취하게 하시며
그 자녀는 고아가 되고

그 아내는 과부가 되며

그 자녀가 유리 구걸하며

집을 떠나 고독하게 몰아가소서

채권자가 모든 그의 자산을 압류하게 하시며

약탈자가 그에게 남은 모든 것을 약탈하게 하소서

그에게 자비를 계속할 자가 없게 하시며

그 자녀에게 도움을 베풀지도 못하게 하소서

그 후사가 끊어지게 하시며

후대에 그들의 이름이 도말되게 하소서

여호와는 그 열조의 죄악을 기억하시며

그 어미의 죄를 용서되지 말게 하시며

그 죄악을 항상 여호와 앞에 있게 하사

땅 위의 누구도 그가 존재했다는 것을 기억하지 못하게 하소서

대적은 가난한 자에게 긍휼을 베풀지 않고

궁핍한 자와 마음이 상한 자를 핍박했습니다

그가 저주하기를 좋아하니, 계속 그를 저주하소서

축복하기를 기뻐하지 아니하니 축복하지 마소서

저주하기를 옷 입듯 하더니

저주를 물같이 마셨습니다

그의 맹세의 말이 스카프처럼 그를 숨 막히게 하소서

그의 더러운 말이 꽉 죄는 혁대처럼 그를 압박하게 하소서

모든 이런 것들이 대적의 상이 되게 하소서

주를 위해 살 때 그가 저를 저주했기 때문입니다

주 여호와여, 제게 선하셨습니다
주의 이름을 위해 건지시며
주께서 제게 선함과 사랑을 보이셨습니다
저는 가난하고 궁핍해
마음의 모든 소망이 무너졌습니다
석양 그림자같이 소멸되어 가고 있으며
폭풍 속의 메뚜기처럼 흔들렸습니다
응답을 위한 금식으로 약해졌고
육체는 쇠약해졌습니다
모든 이가 저를 비웃고 있으며
불신앙으로 저를 보며 머리를 저었습니다

여호와 저의 하나님이여 저를 도우시며
주의 인자하심을 좇아 구원하소서
주의 손이 제 삶에 일하심을 그들이 보게 하시며
주가 제게 행하신 것을 깨닫게 하소서
그들은 저주해도 주는 제게 복을 주소서
그들이 공격할 때에 그들은 수치를 당케 하시며
주의 임재로 저는 즐거워하게 하소서
저의 대적으로 욕을 옷 입듯 하게 하시며
자기 수치를 겉옷같이 입게 하소서

입으로 여호와를 경배할 것이며

회중에서 찬송하리니

주께서 궁핍한 자의 우편에 서사

대적의 비난에서 구원하실 것이기 때문입니다

† 아멘

※ 다윗의 시편

예수를 적대하는 사람들을 심판하시는 하나님께 드리는 기도

여호와여, 당신이 예수님께

당신의 발 아래 그의 대적을 두실 때까지는

오셔서 주의 오른편에 앉아 있으라고 말씀하셨습니다

여호와여, 당신의 대적을 통치하기 위해서

시온에서 주의 능력의 홀을 펼치셨습니다

주의 백성들은 전쟁의 날에 주님을 섬길 것이니

아침의 새벽부터 이슬이 그날을 마감할 때까지 주를 섬기기 위해

거룩함으로 아름답게 옷 입을 것입니다

여호와여, 주는 맹세하셨고 주의 마음을 바꾸지 않으실 것이니

예수가 영원히 제사장이 될 것입니다

그는 멜기세덱의 반차를 따라서 섬깁니다

자신을 대적하는 왕들을 멸망시키기 위해서

여호와여, 당신께서 예수의 오른편에 앉으실 것입니다

예수님은 모든 나라를 심판하실 것이며

거역하는 사람들은 죽을 것이며

위대한 나라의 통치자들이 무너질 것입니다

그는 심판 후에 시내에서 마실 것이며

그의 머리가 승리로 높아질 것입니다

† 아멘

※ 다윗의 시편

하나님의 도를 깨닫고 따라가면서 드리는 감사의 기도

제가 주를 찬양합니다, 주여

온 맘을 다해 주를 높입니다

참된 예배자의 모임에서

주를 찬양합니다, 주여

오, 주여, 주의 일하심은 위대하시니

다른 예배자들과 함께 그것을 묵상합니다

주는 영광스럽고 위엄 있게 일들을 행하시니

주의 의로우심은 결코 다함이 없습니다

주께서 행하신 기이한 일을 잊을 수 없으니

주는 은혜로우시고 자비하십니다
주는 주를 신뢰하는 자들과
주께서 저희에게 주신 말씀으로 항상 살아가는 사람들에게
음식을 주십니다
저희에게 다른 사람의 땅을 주실 때
주께서는 주의 위대한 능력을 나타내셨습니다
주께서 하신 모든 것은 정의롭고 선하시니
주의 모든 말씀으로 확신 있게 삽니다

주의 진리는 영원히 신뢰할 만한 가치가 있으며
주의 성실로 진리를 주셨습니다
주는 백성을 구속하셨으며
영원히 우리를 지키시기로 보장하셨습니다
주의 이름은 거룩하고 존귀하시니
참된 지혜를 깨닫기 시작합니다
주의 말씀으로 사는 사람들은
참된 지혜로 보상받습니다
영원히 주의 이름을 찬양하라

† 아멘

경건한 간증을 구하는 기도

여호와여, 제가 주를 찬양함은
여호와를 경외하며
계명을 크게 즐거워하는 자는
복이 있기 때문입니다
주께서 저의 후손이 세력이 있을 것을 약속하셨으며
그들이 의로운 일을 할 때 주께서 그들을 축복하실 것입니다
계속 올바르게 살 때
주께서 저를 부요와 재물로 축복하시리라 약속하셨습니다

저를 도우사 흑암 중의 빛으로써 올바르게 하시고
은혜롭고 모든 사람에게 자비롭게 하소서
여호와여, 은혜로 도우사 가난한 자에게 주게 하시고
진리로 저의 삶을 인도하소서
그러면 저는 흔들리지 않을 것이며
저의 의도 영원히 기억될 것입니다

여호와여, 나쁜 소식을 두려워하지 않을 것이니
저를 도우사 주를 신뢰하는 일에 신실하게 하시고
견고히 서게 하시고 두려워하지 않게 하소서

저의 대적이 저를 이기어 승리하지 못하게 하소서
여호와여, 저는 가난한 자에게 주기를 원하오니
저의 간증이 영원히 지속하기를 원합니다
주께서 저를 영화롭게 하시기를 원하오니
저의 악한 대적이 그것을 보게 하시며
다가오는 심판으로 두려워하게 하소서
그들이 멸망하리라는 것을 깨닫고
두려움으로 이를 갈게 하소서

† 아멘

하나님을 찬양하는 기도

여호와여, 주의 거룩한 이름을 찬양하며
주의 종들과 함께 주를 찬양하기 위해 나옵니다
여호와여, 주의 이름을 찬양하며
지금부터 영원히 주를 찬양합니다

해 돋는 데서부터 해 지는 데까지
여호와의 이름이 찬양을 받으실 것입니다
여호와는 모든 나라 위에 높으시며
그 영광은 하늘 위에 높으십니다

누가 여호와 우리 하나님과 같겠습니까?

보좌 위에 앉으셨으나

하늘에서 땅으로

스스로 내려오사 세상사를 살피십니다

가난한 자를 땅에서 일으키시며

궁핍한 자를 절망에서 꺼내십니다

주께서는 영화로운 자들과

심지어 백성의 지도자 사이에 그들을 앉히셨습니다

주께서 아이 없는 여인에게 집을 주시고

엄마가 될 수 있게 하십니다

여호와여, 제가 주를 찬양합니다

† 아멘

하나님의 임재의 능력을 인정하는 기도

여호와여, 민족들이 애굽을 떠날 때

주께서 성소 이스라엘에 거하셨습니다

주의 백성들이 언어가 다른 민족을 떠났을 때

주는 야곱의 집을 통치하셨습니다

홍해는 주께서 오시는 것을 보았고

이스라엘이 건너도록 갈라졌습니다
요단 강이 주의 임재를 인정했으며
강물은 뒤로 물러갔습니다
산들은 행복한 숫양처럼 뛰었으며
언덕도 작은 양처럼 놉니다

홍해가 갈라지며 요단 강이 다시 흐르니
어떻게 이런 일이 일어날 수 있습니까?
어떻게 산들은 숫양처럼 깡충깡충 뛰며
어떻게 작은 산들도 양처럼 노닙니까?

오, 여호와여, 주의 임재 때문입니다
주께서 가까이 오실 때 땅이 떨게 하소서
주께서 므리바의 반석에서 물의 샘을 주셨고
물이 견고한 반석에서 쏟아져 나왔습니다

† 아멘

생명과 축복의 하나님을 찬양하는 기도

여호와여, 영광을 저에게 돌리지 마소서
주의 이름 때문에 주를 찬송합니다

저에게 돌리지 마소서

오직 주의 인자하심과 진실하심을 인해

주의 이름에 돌리소서

어찌하여 이방인이

"저희 하나님이 이제 어디 있느냐?" 말하게 하십니까

오직 하나님은 하늘에 계셔서

원하시는 모든 것을 행하십니다

저희 우상은 은과 금이요

사람의 수공물입니다

입이 있어도 말하지 못하며

눈이 있어도 보지 못하며

귀가 있어도 듣지 못하며

코가 있어도 맡지 못하며

손이 있어도 만지지 못하며

발이 있어도 걷지 못하며

목구멍으로 소리도 못 냅니다

우상들을 만드는 사람들은 자신들 같은 우상들을 만들며

우상을 신뢰하는 사람들은 자신들을 예배하는 것입니다

이스라엘이 여호와를 의지함은

주는 저희 도움이시요 저희 방패이시기 때문입니다

제사장이 여호와를 의지함은

주는 저희 도움이시요 저희 방패이시기 때문입니다

주를 인정하는 모든 사람들은

도움과 보호를 받기 위해 주를 신뢰합니다

여호와께서 저희를 생각하사 복을 주시되

이스라엘 집에도 복을 주시고

제사장의 집에도 복을 주시며

대소 무론하고

여호와를 인정하는 자에게 복을 주실 것입니다

여호와께서 저와 저의 자녀를 축복하셔서

제 인생이 번성하게 하소서

오 여호와여, 저는 하늘과 땅의 창조주께

복을 받는 자입니다

가장 높은 하늘은 당신께 속했으나

땅은 인생에게 주셨습니다, 오 여호와여

죽은 자가 여호와를 찬양하지 못하니

무덤에 내려가서는 누구도 못할 것입니다

이제부터 영원까지

여호와를 송축할 것입니다, 오 여호와여

† 아멘

고통에서 구원받은 후 하나님께 드리는 감사의 기도

여호와께서 제 음성과 간구를 들으시므로

주를 사랑합니다

그 귀를 제게 기울이셨으므로

평생에 기도할 것입니다

죽을까 두려워서

곧 죽을 것이라고 생각했습니다

너무 걱정되어서 똑바로 생각할 수 없을 때

주께 기도하기를

"오셔서 제 영혼을 건지소서" 했습니다

여호와는 은혜로우시며 친절하시며

하나님은 자비로우십니다

여호와께서는 단순한 믿음을 가진 자를 보존하시니

고통 중에 있을 때에 구원하셨습니다

다시 평안함은

여호와께서 제게 선하시기 때문입니다

주께서 제 영혼을 사망에서 보호하셨고

저는 더 이상 울지 않습니다

산 자의 땅에서
이제 저는 주의 임재 안에서 걷습니다
믿기 때문에
저의 모든 고통을 주께 말했습니다
제가 실패했을 때 불평하기를
모든 사람은 거짓말쟁이라 했습니다
여호와께서 제게 주신 모든 은혜를 무엇으로 보답할 수 있겠습니까
제가 할 수 있는 모든 것은 구원의 잔을 마시며
저를 구원하신 여호와의 이름을 찬양하는 것입니다

오, 주여, 여호와의 모든 백성 앞에서
주께 한 저의 약속을 지킬 것입니다
끝까지 신실한 사람들은
그들이 죽을 때에도 주께 귀중합니다
주여, 저는 진실로 주의 종이요 주의 여종의 아들입니다
섬길 때 주께서 저의 결박을 푸셨습니다

주께 감사제로 주를 경배할 것이며
여호와의 이름을 부를 것입니다
여호와의 모든 백성 앞에서
예루살렘의 심장으로
여호와께 한 저의 약속을 갚을 것입니다
주의 집의 궁전에서 주의 이름을 찬양합니다, 오, 주여

† 아멘

모든 민족들의 찬양의 기도

여호와여, 땅의 서로 다른 종족들과 함께 주를 찬양하며
저희는 땅의 모든 민족과 함께 주를 찬양합니다
주께서 끝이 없는 사랑으로 저희를 사랑하셨기 때문입니다
주의 신실함은 영원히 지속되니
여호와여, 주를 찬양합니다

† 아멘

승리와 구원의 하나님께 감사의 기도

여호와께 감사합니다
주는 선하시며
그 인자하심이 영원하기 때문입니다
모든 사람들이 함께 선포해 말하기를
그 인자하심이 영원하다 할 것입니다
제가 아론의 제사장들과 함께 선포하기를

그 인자하심이 영원하다 할 것입니다

제가 여호와를 경외하는 모든 자와 함께 선포하기를

그 인자하심이 영원하다 할 것입니다

고통 중에 여호와께 부르짖었더니

여호와께서 응답하시고 구원하셨습니다

여호와는 제 편이시라 두려움이 없으니

사람이 제게 어떻게 할 수 있습니까?

여호와께서 제 편이 되사 저를 돕는 자 중에 계시니

제가 대적을 이길 것입니다

여호와께 피함이 땅 위의 어떤 사람을 신뢰함보다 나으며

여호와께 피함이 인간 지도자들을 신뢰함보다 나음을 압니다

악의 가득한 대적이 저를 에워쌌으니

저는 여호와의 이름으로 저희를 끊을 것입니다

대적이 저를 에워쌌으나

여호와의 이름으로 그들을 끊을 것입니다

그들이 벌과 같이 저를 에워쌌으며

가시덤불의 불같이 제 주위를 감싸나

여호와의 이름으로 그들을 끊을 것입니다

저는 후퇴하고 거의 무너졌으나

여호와께서 저를 도우셨습니다, 오, 주여

주는 저의 전쟁의 힘이시며, 오, 주여

저는 승리의 노래로 주를 찬양합니다
기쁨의 외침과 승리의 찬양소리가
구원받은 사람들 가운데 들립니다

여호와의 오른손이 높이 들렸으며
여호와의 오른손이 영광스러운 일을 행하셨습니다
죽지 않고 살아서
주께서 제게 행하신 것을 말할 것입니다
여호와께서 죄로 저를 심히 경책하셨어도
죽음에는 붙이지 아니하셨습니다
저를 위한 의의 문을 열면
제가 들어가서 여호와께 감사할 것입니다
주의 임재로 들어가는 문을 여소서
경건한 자가 주께 들어갈 것입니다
제게 응답하시고 고통에서 구원하시니
주께 감사합니다

건축자들이 버린 돌이
건물의 머릿돌이 되었으니
이는 여호와께서 행하신 것이며
우리 눈에 기이한 바입니다
이 날은 여호와의 정하신 것이라
이 날에 우리가 즐거워하고 기뻐합니다

여호와여, 이제 구원하시며

여호와여, 구하옵나니 이제 형통케 하소서, 오 여호와여

여호와의 이름으로 오는 자가 복이 있습니다

여호와의 집에 서 있는 자를 축복하소서

주께서 주의 빛 가운데 저를 영접하셨으니

주의 제단에 희생제물을 드립니다

주는 저의 하나님이시라 제가 주께 감사를 드리며

주는 저의 하나님이시라 제가 주를 높일 것입니다

저는 주께 감사합니다

주는 선하시며 그 인자하심이 영원하시기 때문입니다

† 아멘

시편 119 편

하나님께서 당신의 삶에서 말씀을 사용하시도록 구하는 기도

a 알레프 (ALEPH: 히브리어 알파벳의 첫 번째 글자)

여호와여, 흠 없는 사람들을 축복하소서

그들은 당신의 법에 따라 걷습니다

주는 주의 증거를 지키며

전심으로 주를 추구하는 사람들을 축복하십니다

그들은 범죄하지 않고
주의 길을 따라서 걷습니다
주는 우리가 주의 법도를 지키도록 명하셔서
그것을 지키려고 신실하게 행동합니다
그때 제가 부끄럽지 아니할 것은
모든 주의 계명에 주의했기 때문입니다
제가 마음의 성실함으로 주를 찬양합니다
저는 주의 법이 의로움을 계속 배우니
주의 증거를 순종하며 떠나지 않을 것입니다

b 베트 (BETH: 히브리어 알파벳의 두 번째 글자)

어떻게 젊은이가 깨끗하게 될 수 있습니까?
주의 말씀을 알고 순종함으로 입니다
전심으로 주를 찾았으니 주의 계명에서 떠나지 않게 하소서
주의 말씀을 제 마음에 두니 주께 범죄하지 않습니다
여호와여, 제가 주를 찬양합니다
주의 말씀을 깨닫게 하소서
제 입술도 주가 주신 법을 반복합니다
사람이 부를 즐거워하는 것처럼
제가 주의 증거를 따를 때 행복합니다
저는 주의 법도를 묵상하며
살아갈 길에 주의합니다

저는 주의 증거를 즐거워하며

주의 말씀을 잊지 않을 것입니다

g 기멜 (GIMEL: 히브리어 알파벳의 세 번째 글자)

제가 주 앞에 살며

주가 주신 말씀을 지키도록 축복하소서

제 눈을 열어서

주의 법 안에 기이한 진리를 보게 하소서

저는 땅에서 객이니 제게서 주의 말씀을 숨기지 마소서

제 영혼이 주의 법을 항상 사모합니다

저주받은 거역자를 꾸짖으심은

주의 계명에서 떠나 방황하기 때문입니다

비웃음과 모욕을 떠나게 하소서

제가 주의 증거를 따를 것입니다

통치자들이 저를 비난하려 할지라도

저는 주의 법도를 묵상할 것입니다

주의 증거는 제 기쁨이니

제가 살아가야 할 길로 인도하십니다

d 달레트 (DALETH: 히브리어 알파벳의 네 번째 글자)

제 영혼이 진토와 같이 부서졌으니
주의 말씀대로 저를 소성케 하소서
제가 주의 길을 어떻게 증거하는지 주께서 들으셨으니
주의 율례를 더욱 가르치사 그것을 다시 행하게 하소서
주의 법도가 의미하는 것을 깨닫게 해주시니
저는 주의 기이한 길을 다른 사람에게 말할 수 있습니다
제 영혼이 걱정으로 괴롭사오니
주의 말씀으로 저를 세우소서
거짓에서 저를 지켜 주시고
주의 법을 지키게 도우소서
제가 진리를 말하려 했으니
주의 판결이 저의 기준이 될 것입니다
제가 주의 법에 기대를 걸고 있으니
여호와여, 저의 헌신을 바꾸지 않게 하소서
주께서 순종할 새로운 마음을 주셨으므로
제가 주의 계명을 지키려고 달려갑니다

h 헤 (HE: 히브리어 알파벳 다섯 번째 글자)

오 여호와여, 저를 가르쳐 주의 법도를 따르게 하시면
저는 항상 순종할 것입니다

저를 도우사 주의 법을 깨닫게 하시면

저는 그것을 온마음으로 준행할 것입니다

주의 명령을 따르게 하시면

저는 그것을 즐거워할 것입니다

주의 증거를 향해 제 마음이 일어나게 하시면

저는 탐욕으로 이기적이 되지 않을 것입니다

제 눈을 헛된 유혹에 돌리지 않게 하시고

주의 말씀으로 제 인생을 새롭게 하소서

주의 말씀을 저에게 채우사

경외함으로 주를 경배하게 하소서

제가 두려워하는 것들을 멀리하시고

주의 선한 심판을 제게 주소서

저는 주의 법도를 알기 갈망하니

제 소망을 회복하사 의롭게 하소서

W 와우 (WAW: 히브리어의 여섯 번째 글자)

여호와여, 날마다 자비를 제게 보이시며

주의 말씀의 언약대로 저를 구원하소서, 오 여호와여

그리하시면 제가 저를 비방하는 자에게 대답할 말이 있으니

제가 주의 말씀을 의뢰하기 때문입니다

진리의 말씀이 제 삶에서 떠나지 말게 하소서

제가 말씀에 신뢰를 두기 때문입니다

제가 주의 도를 항상 지키며
그것이 저에게 주는 자유를 즐거워할 것입니다
왕 앞에서 주의 진리를 증거할 것이며
그들에게 겁먹지 않을 것입니다
제가 주의 명령을 사랑하므로
저는 계속 말씀을 즐거워합니다
제가 손으로 주의 계명을 높이 들 것이며
그것들을 계속 묵상할 것입니다

Z 자인 (ZAYIN: 히브리어의 일곱 번째 글자)

주께서 제게 하신 말씀을 기억하소서
제가 주를 신뢰합니다
저는 주가 말씀하신 것으로 위로를 삼사오니
주의 말씀이 제게 소망을 주기 때문입니다
대적은 주를 신뢰한다고 저를 모욕하지만
주의 사랑에서 떠나지 않았습니다
여호와여, 원래 주신 주의 규례를 기억하고
제가 그들을 여전히 신뢰하고 있습니다
주의 율법을 버린 악인들을 인해
제가 맹렬한 노에 잡혔습니다
주의 말씀을 노래하지 않을 수 없으니
말씀이 제가 사는 곳마다 주제곡이었습니다

여호와여, 주의 법을 지키게 하시니
제가 밤에 주의 이름을 묵상할 것입니다
수년 동안 저의 습관은
주의 법의 교훈을 모두 지키는 것이었습니다

ｊ 헤트 (HETH: 히브리어의 여덟 번째 글자)

여호와는 저의 유산이시니
저는 주의 말씀을 지키리라 했습니다
제가 전심으로 주의 얼굴을 구했으니
주의 약속대로 자비롭게 응답하소서
제가 저의 행위를 점검하고
주의 법도에 따라서 걷기 시작했습니다
주의 계명을 지키기에 신속히 하고
지체하지 않았습니다
대적이 저를 묶고 빼앗을지라도
저는 주의 법에 항상 반응할 것입니다
밤중에 일어나 주께 감사할 것은
주의 법이 저를 의롭게 살게 하십니다
저는 주를 경외하는 모든 자와
주의 법도를 지키는 자의 친구입니다
주의 사랑이 땅에 충만하오니
저를 가르치사 주를 기대함으로 살게 하소서

v 테트 (TETH: 히브리어의 아홉 번째 글자)

여호와여, 주의 말씀대로 주의 종을 선대하셨습니다
지혜는 주의 명령에 있다는 것을 믿사오니
저에게 선한 판단과 지식으로 가르치소서
저를 훈련하시기 전에는 주께로부터 멀었으나
이제는 주의 말씀 지키는 것을 아십니다
주는 선하사 선을 행하시오니
주의 율례로 저를 가르치소서
대적이 저에 대한 거짓을 말했으나
저는 제 마음에 주의 법도를 지킵니다
그들의 마음은 제가 지키는 진리에 대해
무지하며 불순종적입니다
제가 고통 중에 있는 것은 좋은 일이니
주의 법도를 배웠기 때문입니다
주가 말씀하신 법은 수천의 금과 은전보다
더 귀중합니다

y 요드 (YODH: 히브리어의 열 번째 글자)

주의 손이 저를 만들고 세우셨으니
저로 깨닫게 하사 주의 계명을 배우게 하소서
주를 경외하는 자가 저를 보고 기뻐할 것은

제가 주의 말씀을 신뢰하기 때문입니다

여호와여, 제가 알거니와 주의 판단은 공정하시고

주께서 저를 괴롭게 하심은 받을 만한 가치가 있기 때문입니다

주의 말씀에 약속하신 대로

주의 자비한 친절하심으로 저를 이제 위로하소서

주의 자비하심으로 저를 덮으사 살게 하시니

저는 주의 법에서 행복을 발견합니다

대적이 거짓을 말하므로 수치를 당케 하소서

저는 주의 명령을 묵상할 것입니다

저는 주를 두려워하는 사람들과

주의 증거를 아는 사람들과 화목하기를 원합니다

주의 명령을 흠 없이 지키게 하시면

저는 결코 수치를 당하지 않을 것입니다

k 카프 (KAPH: 히브리어의 열한 번째 글자)

저는 구원받지 못할 거라고 스스로 생각하지만

주의 말씀을 신뢰하니 저를 강하게 하셨습니다

주의 말씀을 보는 것에 어려움을 느끼니

언제 주는 저를 격려해 주십니까?

제가 연기나는 병처럼 비었지만

저는 주의 말씀에 매달립니다

저는 얼마나 오랫동안 살지 모르나

핍박자를 주가 심판하시기 원합니다
대적은 저를 넘어지게 하려 했으나
그들은 주의 법으로 살지 않습니다
주께서 제게 주신 모든 약속이 일하실 것이니
저를 도와 대적에게 정의롭게 대처하게 하소서
그들은 거의 저를 이기었으나
저는 여전히 주의 말씀에 매달립니다
제게 주의 말씀으로 새로운 삶을 주시면
주의 명령을 순종할 것입니다

m 라메드 (LAMEDH: 히브리어의 열두 번째 글자)

여호와여, 주의 말씀이 영원히 하늘에 굳게 섰으며
주의 성실하심은 대대에 이를 것입니다
주께서 땅을 세우셨으므로
주의 약속은 오늘까지 계속되며
주의 약속이 주를 따르는 모든 자에게 적용됩니다
주의 법의 격려가 없었다면
저는 고난에 굴복했을 것입니다
제가 주의 법도를 영원히 잊지 않는 것은
제게 삶과 소망을 주기 때문입니다
제가 주의 종이며 주께 속하므로
항상 주의 말씀을 찾고 따를 것입니다

악한 자는 저를 파괴하려고 기다리지만
저는 주의 법도를 여전히 찾을 것입니다
저는 모든 완전한 것이 끝나는 것을 보았지만
주의 명령은 어디든 이를 것입니다

ㅁ 멤 (MEM: 히브리어의 열세 번째 글자)

오 여호와여, 제가 주의 법을 사랑하며
하루 종일 묵상합니다
주의 명령은 저를 원수보다 지혜롭게 하니
저의 상시 인도자입니다
제가 선생님께 배운 것보다 더 많이 주의 법에서 깨달으니
주의 명령을 계속 묵상하기 때문입니다
연장자보다 훨씬 더 지혜로운 것은
주의 법도를 순종하기 때문입니다
악한 길을 따르는 것을 거부하는 것은
주의 말씀을 거스르기 때문입니다
주의 기준을 무시하지 않았음은
제 삶에 이익이 되었기 때문입니다
주의 말씀은 제 혀에 달며
제일 좋아하는 디저트보다 더 달콤합니다
주의 명령에서 깨달음을 얻으니
저는 주께 멀어지게 하는 모든 것을 미워합니다

n 눈 (NUN: 히브리어의 열네 번째 글자)

주의 말씀은 제 발에 등이니
어두운 데서 길을 보여 줍니다
저는 순종할 길을 받았으니
주가 주신 놀라운 명령입니다
제가 많은 고통을 겪었으니 저를 회복시키소서
주가 약속하셨기 때문입니다, 오 여호와여
저는 찬양의 제사를 주께 드리니
저를 가르쳐 더 나은 제사를 드리게 하소서
주의 법이 제게 가르치신 것처럼
제 영혼을 주의 손에 맡깁니다
대적은 저를 넘어지게 했으나
저는 주의 기준에서 떠나지 않을 것입니다
주의 행적은 저의 유산이며
읽을 때 흥분합니다
제 인생의 끝까지
주의 법을 지키겠다고 마음으로 헌신합니다

s 사메크 (SAMEKH: 히브리어의 열다섯 번째 글자)

주를 사랑한다고 외치지만 불순종하는 자를 제가 미워하는 것은
주의 말씀을 사랑하기 때문입니다

저의 보호자이며 방패시니

저는 주께서 말씀하신 것을 신뢰합니다

주위에 악행자를 두지 않으니

저는 주의 명령을 지키기 때문입니다, 오 하나님이여

주의 말씀으로 신실하게 저를 붙들어 주시면

주를 신뢰할 것입니다

주의 법도를 거절한 사람은 모두 거절하시니

저는 주의 사랑스러운 길에 매달립니다

저는 주께 순종하지 않는 것을 두려워하니

주의 심판을 두려워하기 때문입니다

y 아인 (AYIN: 히브리어의 열여섯 번째 글자)

제가 바른 방식으로 바른 일을 행했으니

대적에게 붙이지 마소서

영적인 부와 축복을 보증하시며

압제자가 저를 찢지 못하게 하소서

제 눈은 주의 구원을 바라기에 피곤하니

주의 의로운 말씀을 찾고 있습니다

저를 주의 자비로 대해 주시고

주의 법도의 의미를 제게 가르치소서

주의 종이니 분별력을 주셔서

주의 뜻을 깨닫게 하소서

여호와여, 지금은 행하실 때인 것은
그들이 주의 법을 깨뜨리고 있기 때문입니다
금보다 주의 명령을 더 사모하며
순금보다 더 사랑함을 아십니다
주의 모든 법도는 의로우시니
저는 거짓된 모든 것을 미워합니다

p 페 (PE: 히브리어의 열일곱 번째 글자)

주의 증거가 기이하므로
제 영혼이 이를 지킵니다
주의 말씀을 읽을 때 저는 지혜를 얻으며
평범한 사람도 말씀에서 통찰력을 얻습니다
주의 말씀을 받으려고 제 입을 엽니다
주가 말씀하시는 것을 알려고 하기 때문입니다
주의 이름을 사랑하는 자에게 행하셨던 대로
주의 사랑과 신실함을 제게 보여 주소서
주의 말씀으로 저를 인도하사
죄가 저를 주장하지 못하게 하소서
압제하는 적에게서 구원하셔서
주의 명령에 순종할 수 있게 하소서
주의 얼굴의 임재를 제게 비추시고
주의 법으로 살아가는 방법을 가르치소서

눈물이 얼굴을 타고 흘러내리는 것은
사람들이 주의 법에 불순종하기 때문입니다

X 차데 (TSDAHE: 히브리어의 열여덟 번째 글자)

여호와여, 주는 의로우시고
주의 판단은 정직하십니다
우리를 향한 지시하심은 의로우니
온 마음으로 신뢰할 수 있습니다
분노가 가득찬 것은
대적이 주의 명령을 순종하지 않기 때문입니다
주의 말씀은 절대적으로 정직하니
저는 모든 말씀을 사랑합니다
멸시받고 무시당해도
저는 주의 법도를 잊어버리지 않았습니다
주의 의는 당신만큼 영원하니
주의 법은 절대적인 진리입니다
고통과 근심이 압도할 때
말씀이 문제를 극복하게 해주십니다
주의 증거는 항상 의로우니
저를 도우사 깨달음을 주셔서 살게 하소서

q 코프 (KOPH: 히브리어의 열아홉 번째 글자)

여호와여, 전심으로 부르짖었사오니 응답하소서
주의 법을 지킬 것입니다
다시 주께 부르짖었사오니 구원하소서
제가 주의 증거에 계속 순종할 것입니다
아침 일찍 일어나 부르짖으며
주의 말씀을 계속 신뢰할것입니다
밤에 깨어 있어 주의 말씀의 약속을 묵상합니다
주가 약속하셨으니 저의 간구를 들으시고
주의 말씀대로 제 삶을 새롭게 하소서
저를 공격하려는 사람들이 가까이 있지만
그들이 주께는 멀리 있습니다
주께서 제게 가까우시니
저는 주의 명령의 진실함을 의지할 수 있습니다
젊을 때 깨달은 것은
주께서 주의 명령을 영원까지 이르게 하셨습니다

r 레쉬 (RESH: 히브리어의 스물 번째 글자)

저의 고통을 보시고 저를 구원하소서
주의 말씀을 잊지 않았습니다
오셔서 도우시며 보호해 주소서

약속한 대로 구원하소서

악한 자는 구원에 멀며

주의 말씀을 추구하지 않습니다

자비가 크시오니

주의 법에 따라 저를 회복시키소서

많은 대적과 압제자가 있지만

주의 약속을 거부하지 않았습니다

주를 미워하는 자를 볼 때 슬퍼하니

주의 말씀을 거부하기 때문입니다

주의 약속을 얼마나 사랑하는지요

주의 말씀대로 저를 회복시키소서

주의 모든 말씀은 태초부터 진리이니

주의 법은 의로우며 영원히 설 것입니다

S 쉰 (SHIN: 히브리어의 스물한 번째 글자)

통치자들이 무고히 저를 핍박하나

저의 마음은 주의 말씀만 경외합니다

사람이 많은 보물 얻은 것처럼

저는 주의 말씀을 즐거워합니다

거짓을 미워하며 싫어하고

주의 법을 사랑합니다

의로운 규례를 주셔서

하루 일곱 번씩 주를 찬양합니다

주의 법을 사랑하는 자에게는 큰 평안이 있으니

저희에게 장애물이 없을 것입니다

주의 구원을 바라며

주의 계명에 순종했습니다

주의 명령에 순종했고

온 맘으로 사랑합니다

주의 증거에 순종했음을 아시니

모든 것을 주께서 아십니다

t 타우 (TAW: 히브리어의 스물두 번째 글자)

제 기도를 들으시며

저를 도우사 주의 말씀 안에 감춰진 것을 깨닫게 하소서

기도에 귀 기울이사

주의 약속대로 저를 구원하소서

제 입술에 찬양이 넘치오니 주의 말씀을 가르치셨기 때문입니다

제 혀가 주의 약속을 노래함은

의롭게 살게 도우시기 때문입니다

주의 손이 저를 돕게 하소서

주의 법도를 따랐기 때문입니다

주의 구원을 사모하니 주의 법은 행복을 주십니다

살게 하사 주를 찬양케 하시며 주의 말씀이 저를 붙들게 하소서

길 잃은 양처럼 헤매니 제게 오소서

저는 주의 명령을 잊지 않았습니다

† 아멘

시편 120~145편

성전에 올라가는 시편
(소위 올라감의 시편)

'degrees'라는 단어는 '걸음'을 의미합니다. 시편에는 15편의 성전에 올라가는 시편이 있습니다(즉, 시편 120-134편). 이 시편들은 예수님 당시에 예루살렘에 매년 3개의 절기(유월절, 오순절, 장막절)를 지키러 가는 순례자들이 불렀습니다. 그들은 예루살렘을 향해 산을 타고 올라갈 때 이 시편들을 불렀습니다. 그들이 산을 올라갔기에 '올라감의 시편'이라고 불렸습니다.

어떤 사람들은 degrees라는 제목이 아닥사스다 황제의 통치기에 포로생활에서 돌아오는 귀향민들로부터 시작되었다고 말합니다. 그들이 예루살렘으로 가까이 오면서 이 시편들을 노래했습니다. 어떤 사람들은 이 시편들의 이름이 레위 성가대가 남자의 뜰에서 여자의 뜰까지의 15계단을 무대로 이용해 공연한 것으로부터 유래했다고 합니다. 몇몇 사람들은 15개의 시편은 제사장들이 제사를 준비하며 진행했던 순서의 일부였다고 말하기도 합니다. degrees라는 단어는 시편 121:4-5, 124:1-4 에 나타난 것처럼 '걸음걸음마다' 를 의미할 수도 있습니다.

주님, 제가 "믿음"(롬 1:17) 으로 걸어갈 때 저의 걸음을 인도하소서.

15개의 시편은 히스기야의 인생에 보태진 15년간과 숫자적으로 일치한다고 말하는 사람도 있습니다. 히스기야가 더 오래 살게 해달라고 기도했을 때, 태양의 그림자가 아하스의 해시계에서 10도 뒤로 돌아가며(왕하 20:8-11) 하나님은 그의 해를 연장시켜 주셨습니다. 15개의 시편의 수는 히스기야에게 추가된 15년에 해당합니다. 동시에 히스기야가 쓴 10개의 시편의 수는 '태양의 그림자가 뒤로 돌아간' 각도에 해당합니다.

솔로몬의 시편(시편 127편)은 좌우편에 있는 다윗이 쓴 두 개의 시편(합쳐서 4개)과 히스기야가 쓴 10개의 시편(합쳐서 15개의 시편)의 중심에 있습니다. 성전으로 올라가는 시편에서 여호와(주님)라는 이름이 중앙에 있는 시편을 기준으로 대칭적으로 양쪽에 있는 7개의 시편에서 24차례나 나옵니다. 여호와라는 이름은 중앙 시편에는 단지 세 번 나옵니다.

"주님, 저에게 주님의 말씀을 가르치소서."

『성전에 올라가는 시편』의 저자

시편 120편 : 히스기야

시편 121편 : 히스기야

시편 122편 : 다윗

시편 123편 : 히스기야

시편 124편 : 다윗

시편 125편 : 히스기야

시편 126편 : 히스기야

시편 127편 : 솔로몬(중앙시편)

시편 128편 : 히스기야

시편 129편 : 히스기야

시편 130편 : 히스기야

시편 131편 : 다윗

시편 132편 : 히스기야

시편 133편 : 다윗

시편 134편 : 히스기야

몇몇 사람들은 왜 히스기야의 이름이 그가 지은 10개의 시편에 나와 있지 않느냐고 물어봅니다(각주를 살펴보세요). 이스라엘 사람들은 모두 이 시편이 히스기야가 지었음을 알고 있다는 것이 대답입니다. 히스기야는 그것들을 심지어 "나의 시편들"이라고 불렀습니다. 히스기야가 산헤립 때문에 예루살렘 문을 닫았을 때, 그는 승리의 여호와를 신뢰했습니다. 그러나 그는 그의 대적들이 얼마나 '강박적'인지를 이해하지 못했습니다. 산헤립이라는 단어가 영국 런던의 대영박물관에서 볼 수 있는 이스라엘의 이 작전을 기록하는 토기에서 발견되었습니다.

"나는 그(유대왕 히스기야)를 사로잡았다… 성문 파괴용 대형망치와 기구들을 이용한 공격과 보병들의 기습에도 나에게 복종하지 않았던 유대의 히스기야 왕과 그의 46개 방벽과 견고한 진과 그들을 빙 둘러 있는 수없는 작은 도시들을… 나는 200,150명을 포로로 잡았다. 말들, 노새, 나귀와 낙타들, 사람과 셀 수 없는 양들… 나는 계산해 보았다… 히스기야 왕은 내가 가두어 놓은 그의 왕국인 예루살렘성 안에 갇힌 한 마리 새와 같았다."

이 역사적인 표현은 완벽하게 성경의 상세설명과 잘 들어맞습니다. 이 시기에 히스기야는 병이 들었고 죽음 때문에 두려워했습니다. 하나님이 이사야 선지자를 보내서 그가 죽을 것이라고 말씀해 주셨습니다. 그러나 히스기야는 주님께 시간을 더 달라고 요청했습니다. 하나님은 15년의 추가시간(성전을 올라가는 시편의 수)을 주셨습니다. 하나님은 죽음에서 히스기야를 구원하셨고, 그를 산헤립의 손에서 구원하셨습니다. 히스기야는 구원하신 하나님께 감사를 표현했습니다. 여기서 그는 "나의 시편들"을 썼습니다.

주님, 히스기야가 "그의 시편들"을 가지고 있었던 것처럼 저도 모든 시편을 저의 시편으로 부르짖습니다. 그 시편들이 주님께 저의 기도를 표현해 주기 때문입니다.

"여호와께서 나를 구원하시리니 우리가 종신토록 여호와의 전에서 수금으로 나의 노래를 노래하리로다"(사 38:20).

평화와 위로를 구하는 기도

환난 중에 여호와께 부르짖었더니
제게 응답하셨습니다
여호와여, 거짓말쟁이와 궤사한 사람들에게서
제 생명을 건지소서
하나님이여, 거짓말쟁이들에게 어떻게 하실 것이며
얼마나 그들을 벌하실 것입니까?
날카로운 화살의 고통과
숯불의 고통을 주소서

저는 메섹에 살며 게달의 장막에 살기 때문에
고통을 겪습니다
화평을 미워하는 자들 사이에서
너무 오래 살아 왔습니다
저는 평안을 사랑하지만
그들은 모두 전쟁만 하려고 합니다

† 아멘

※ 성전으로 올라가는 노래

하나님의 보호하심을 감사하는 기도

산을 향해 눈을 듭니다
저의 도움이 거기서 옵니까?
아니오! 저의 도움은
천지를 지으신 여호와로부터 옵니다
주의 발은 넘어지지 않을 것이니
실제로 이스라엘을 지키시는 자는 졸지도 않고
주무시지도 않습니다
여호와여, 저를 넘어지지 않도록 지켜 주소서
우편에 서사 보호하소서
태양이 낮 동안 저를 상치 아니하며
달도 밤에 상치 않을 것입니다
여호와여, 모든 악에서 저를 건지시며
저의 영혼을 보전하소서
여호와여, 오고 갈 때도 저를 지키소서
지금부터 영원까지 지키실 것입니다

† 아멘

※ 성전으로 올라가는 노래

예루살렘의 평안을 구하는 기도

그들이 말하기를
여호와의 집에 올라가자 할 때에 기뻤습니다
이제는 주의 문 안쪽에 있으며
예루살렘의 성 안에 서있기 때문입니다
예루살렘은 영원한 성이며
견고하게 건축되었습니다
이곳은 이스라엘 사람들이 모이는 곳이며
주를 찬양하려고 오는 장소입니다
주의 명령이 교훈할 때
그들은 주의 이름을 경배하려고 모입니다

주께서 거기 통치의 보좌를 두셨는데
다윗 집의 보좌는 이 성에서 다스리십니다
여호와여, 예루살렘을 위해 평안을 기도하니
주를 사랑하는 모든 자는 형통하게 하소서
이 성벽 안에는 평강이 있고
궁중에는 형통이 있게 하소서
형제와 친척을 위해
저는 이 도시 안에 평화를 위해 기도합니다

여호와 우리 하나님의 집을 위해

저는 예루살렘의 형통함을 기도합니다

†아멘

※ 다윗의 성전으로 올라가는 노래

하나님의 수용을 구하는 기도

하늘의 보좌에 앉으시니

주를 봅니다

종의 눈이 그 상전의 손을,

여종의 눈이 그 여주인의 손을 바라는 것같이

저의 눈을 주께 둡니다, 오 하나님이여

제가 주를 보는 것은

주께서 저에게 긍휼을 베푸시기 때문입니다

제게 자비하시며 자비를 베푸소서

저는 거절됨을 참지 못합니다

거만한 자가 비판했으며

저를 거절했습니다

†아멘

※ 성전으로 올라가는 노래

구원하심에 감사하는 기도

모든 사람에게 말합니다
주께서 제 편에 계시지 않았다면
대적이 저를 공격했을 때
주께서 제 편이 되지 않으셨다면
그들이 저를 산 채로 삼켰을 것은
그들의 노가 너무 무서웠기 때문입니다
물들이 저를 삼키며
급류가 제 영혼에 넘쳤을 것입니다
폭풍에서 나온 분노의 물들이
제 삶을 압도했을 것입니다

저를 삼키지 못하도록 하신
주의 보호를 찬송합니다
저의 영혼이
새가 사냥꾼의 올무에서 벗어남같이 되었으니
올무가 끊어지므로 벗어났습니다
주는 저의 보호자이며
천지를 지으신 창조자이십니다

† 아멘

※다윗의 성전으로 올라가는 노래

시편 125편
경건한 사람의 평안을 구하는 기도

여호와여, 제가 주를 신뢰하므로
시온 산처럼 안전하며
흔들리지 않고 영원히 살 것입니다
산들이 예루살렘을 둘러 보호하는 것같이
주는 주의 백성을 둘러 보호하십니다
여호와여, 악한 자는 경건한 자를 다스리지 못할 것이며
경건한 자가 악한 일을 하도록 만들지 못합니다
선한 일을 하는 사람들과
의로운 마음을 가진 사람들에게 선한 일을 해주소서
오 여호와여, 굽은 길을 따르는 사람들은
쫓아내소서
이스라엘에 평화를 주소서

† 아멘

회복을 구하는 기도

여호와께서 포로를 예루살렘으로 돌아오게 하실 때에

꿈꾸는 것 같았습니다

입에는 웃음이 가득하고

행복한 노래를 불렀습니다

유대인들은 놀라서 말하기를

여호와께서 대사를 행하셨다고 했습니다

여호와께서 저희를 위해 대사를 행하셨으니

저희의 기쁨이 흘러넘칩니다

시내들이 사막을 회복시키는 것처럼

우리의 생명을 회복시키소서

눈물을 흘리며 씨를 뿌리는 자는

기쁨으로 거둘 것입니다

울며 씨를 뿌리러 나가는 자는

정녕 기쁨으로

그 단을 가지고 돌아올 것입니다

† 아멘

※ 성전으로 올라가는 노래

가족을 위한 감사의 기도

주께서 가족을 세우지 않으시면

일하는 자의 일도 헛됩니다

주께서 성을 지키지 않으시면

파수꾼의 경비도 헛됩니다

일찍 일어나고 늦게 누우며

충분한 음식을 얻기 위해 염려하는 것과

수고해 일하는 것이 헛된 것은

주께서 사랑하는 사람들의 필요를 공급하시기 때문입니다

주께서 자식을 선물로 주시며

태의 열매는 주의 상급입니다

전사의 손의 무기처럼

자녀는 현명한 가족에게서 태어납니다

화살통이 가득한 자는 복되니

그의 자녀들이 그를 고소자에게서 보호하기 때문입니다

† 아멘

※솔로몬의 성전에 올라가는 노래

가정을 축복하는 기도

여호와를 두려워하는 자를 형통케 하시며

주의 길을 따르는 자를 축복하십니다

그들은 노동의 열매를 즐거워하며

주께서는 그들에게 행복과 복록을 주십니다

그들의 아내는 과실을 맺는 포도나무 같아서

가정을 번성하게 합니다

그들은 상에 앉을

자식이 많습니다

이것이 주를 두려워하는 사람들을

축복하시는 방법입니다

여호와께서 시온에서 평생 동안

그들을 축복하소서

그들이 사는 동안

그들이 예루살렘의 형통함을 보게 하소서

자손들의 자손을 보도록 살게 하소서

주여, 저는 주의 백성들 위에 평안이 있기를 기도합니다

†아멘

※ 성전에 올라가는 노래

대적에 대한 기도

주여, 제가 어릴 때부터
대적이 괴롭게 했습니다
그들이 제가 어렸을 때부터 여러 번 압제했으나
승리를 거두지 못했습니다
밭가는 자가 내 등에 갈아
그 고랑을 길게 지었습니다
여호와께서는 선하사
악인의 줄을 끊으셨습니다

무릇 주의 백성을 미워하는 자는
수치를 당해 물러갑니다
저희는 지붕의 풀과 같아서
자라기 전에 말라 버립니다

그들은 선하지 않으니
베는 자가 추수 때에 그들을 거절하게 하소서
누구도 지나가면서 대적을 축복하지 못하게 하시고
누구도 "주의 이름으로 그들에게 주는 축복"을 말하지 못하게 하소서

† 아멘

※ 성전에 올라가는 노래

용서와 수용을 구하는 기도

고통의 깊은 곳에서
제가 주께 부르짖습니다
여호와여, 저의 부르짖음에 귀 기울이소서
주께서 우리의 죄의 기록을 보관하셨다면
누구도 주 앞에 서지 못할 것입니다
용서가 주께 있사오니
우리는 주를 두려워할 것입니다
주를 기다리며
주의 말씀을 신뢰합니다
주를 기다리니
파수꾼이 아침을 기다리는 것보다 더 합니다
주께 모든 소망을 두게 하시니
사랑이 주께 있으며
구속도 주 안에 있기 때문이며
모든 죄악에서
우리 모두를 구속하시기 때문입니다

† 아멘

※ 성전으로 올라가는 노래

하나님과의 친교의 기도

여호와여, 저는 이기적이지 않고
제가 하는 것을 자랑하지도 않습니다
저는 자신을 섬기는 야망을 좋아하지 않고
다른 일들도 좋아하지 않습니다
저는 주께만 조용히 나가니
마치 작은 아이가 엄마에게 조용하게 가는 것 같습니다
제 영혼이 주 앞에서 고요한 아기 같습니다
주의 자녀가 주께 소망을 두게 하소서
지금부터 영원까지

†아멘

※ 다윗의 성전에 올라가는 노래

오실 메시야를 위한 기도

모든 고통에도 불구하고

여호와께 맹세하며 야곱의 전능자에게 서원하기를

여호와의 처소를 발견하며

주께서 거하실 집을 지을 때까지는

나의 거하는 장막에 들어가지 아니하며

내 침상에 오르지 아니하며

내 눈으로 잠들게 아니하며

내 눈꺼풀로 졸게 아니하리라 맹세한

다윗의 열정을 기억합니다

저희가 그 맹세에 대해 에브라다에서 들었고

숲과 들에서도 들렸습니다

우리는 주의 성막에 들어가며

주의 발 앞에 경배합니다

여호와여, 휴식에서 일어나사

주의 권능의 궤와 함께 비추소서

주의 제사장들의 옷은 주의 구원을 나타내게 하시고

주의 성도들은 즐거이 외치게 하소서

주의 종 다윗을 위해 멀리하지 마시고

주의 기름부음 받은 자에게 주의 얼굴을 비추소서

여호와께서 다윗에게

자손이 그의 위에 앉을 것이며

그 자손이 주께서 그들에게 가르쳐 주시는

주의 명령을 순종하면

영원히 그 위에 앉으리라 맹세하셨습니다
여호와께서 거처를 삼고자 하여
시온을 택하셨습니다
이곳은 주께서 영원히 쉬시는 곳이며
주께서 살기 원하시는 곳입니다

주께서 이 땅에 풍족히 복을 주시고
가난한 자에게 빵을 주셨습니다
주는 제사장을 통해 구원을 베푸시며
주의 백성은 기쁨으로 외칩니다
주께서 다시 다윗 가문에서 한 사람을 일으키실 것이니
메시야가 계속 빛을 비추실 것입니다
주의 대적이 수치를 당하게 되며
메시야는 복록으로 상 주실 것입니다

† 아멘

※ 성전에 올라가는 노래

신자들의 하나 됨을 구하는 기도

주의 백성이 하나 되어 연합해 사는 것이
좋은 일인 것을 압니다

여호와여, 주의 종의 머리 위에
부어지는 기름 같습니다
아론의 수염을 타고 흘러내리며
그의 치마에까지 떨어지니
헤르몬 산의 이슬과
시온 산의 이슬과 같습니다
주께서 하나됨 안에 축복을 정하셨으니
영원까지 생명이 있을 것입니다

† 아멘

※ 다윗의 성전으로 올라가는 노래

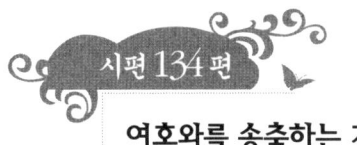

여호와를 송축하는 기도

여호와의 집에 서 있는 여호와의 모든 종들과 함께
주를 송축합니다
그들은 성소를 향해 손을 들고
지극히 거룩한 주를 송축합니다
천지를 지으신 주께서
시온에서 그들에게 복을 주실 것입니다

† 아멘

※ 성전으로 올라가는 노래

시편 135편

백성을 위해 하나님이 행하신 모든 일을 돌아보는 찬양의 기도

주여, 제가 주를 찬양하며
주의 모든 종들과 함께 주의 이름을 찬양합니다
주의 집에 서 있는 모든 자들과 함께
여호와를 찬송합니다
주의 궁전에 서있는 모든 자들과 함께
제가 주를 찬양합니다
주는 선하시므로 제가 주를 찬양하니
주께 찬양을 부르는 것이 기쁨입니다

여호와께서 자기를 위해 야곱
곧 이스라엘을 자기의 특별한 보물로 택하셨습니다
여호와께서는 광대하시며
주는 모든 신보다 높으심을 압니다
여호와께서 기뻐하시는 것을
천지와 바다와 모든 깊은 데서 다 창조하셨습니다
안개를 땅 끝에서 일으키시며
비를 위해 번개를 만드시며
바람을 그 곳간에서 내셨습니다

그분은 죽음 천사를 보내사
애굽의 처음 난 자를 사람부터 짐승까지 치셨습니다
주께서 애굽 중에 징조와 기사를 보내사
바로와 그 모든 신복에게 임하게 하셨습니다
그분은 많은 나라를 치시고
강한 왕들을 죽이셨으니
곧 아모리인의 왕 시혼과
바산 왕 옥과 가나안의 모든 국왕입니다
저희의 땅을 기업으로 주시되
자기 백성 이스라엘에게 기업으로 주셨습니다
여호와여, 주의 이름은 영원하시며
주의 이름이 대대에 이를 것입니다
죄지을 때 주께서 자기 백성을 판단하시며
회개할 때 그 종들을 용서하십니다

열방의 우상은 은금이요
사람의 수공물입니다
입이 있어도 말하지 못하며
눈이 있어도 보지 못하며
귀가 있어도 듣지 못하며
그 입에는 아무 호흡도 없나니
우상들을 만드는 자들은 그들과 같으며
우상을 예배하는 자들도 그들과 같을 것입니다

모든 이스라엘 족속과 함께 여호와를 송축하며

제사장들과 함께 여호와를 송축합니다

시온으로 오시는 주를 송축하니

저는 예루살렘에 거하시는 주를 찬양합니다

†아멘

과거에 공급하셨던 하나님에 대한 감사의 기도

여호와께 감사함은

그분은 선하시며

그 인자하심이 영원하기 때문입니다

모든 신에 뛰어나신 하나님께 감사함은

그 인자하심이 영원하기 때문입니다

모든 군주 위에 뛰어나신 주께 감사함은

그 인자하심이 영원하기 때문입니다

홀로 큰 기사를 행하시는 이에게 감사함은

그 인자하심이 영원하기 때문입니다

지혜로 하늘을 지으신 이에게 감사함은

그 인자하심이 영원하기 때문입니다

땅을 물 위에 펴신 이에게 감사함은

그 인자하심이 영원하기 때문입니다

태양과 큰 빛들을 지으신 이에게 감사함은

그 인자하심이 영원하기 때문입니다

해로 낮을 주관케 하신 이에게 감사함은

그 인자하심이 영원하기 때문입니다

달과 별들로 밤을 주관케 하신 이에게 감사함은

그 인자하심이 영원하기 때문입니다

죽음의 천사를 보내어 애굽의 장자를 치신 이에게 감사함은

그 인자하심이 영원하기 때문입니다

이스라엘을 저희 중에서 인도해 내신 이에게 감사함은

그 인자하심이 영원하기 때문입니다

애굽의 신들에게서 강한 손과 펴신 팔로 인도해 내신 이에게 감사함은

그 인자하심이 영원하기 때문입니다

홍해를 가르신 이에게 감사함은

그 인자하심이 영원하기 때문입니다

이스라엘로 그 가운데로 통과하게 하신 이에게 감사함은

그 인자하심이 영원하기 때문입니다

바로와 그 군대를 홍해에 엎드러 뜨리신 이에게 감사함은

그 인자하심이 영원하기 때문입니다

그 백성을 인도해 광야로 통과하게 하신 이에게 감사함은

그 인자하심이 영원하기 때문입니다

큰 왕들을 치신 이에게 감사함은

그 인자하심이 영원하기 때문입니다

유명한 왕들을 죽이신 이에게 감사함은

그 인자하심이 영원하기 때문입니다

아모리인의 왕 시혼을 죽이신 이에게 감사함은

그 인자하심이 영원하기 때문입니다

바산 왕 옥을 죽이신 이에게 감사함은

그 인자하심이 영원하기 때문입니다

저희의 땅을 기업으로 주신 이에게 감사함은

그 인자하심이 영원하시기 때문입니다

그 종 이스라엘에게 기업으로 주신 이에게 감사함은

그 인자하심이 영원하기 때문입니다

저희가 연약할 때 기억하신 이에게 감사함은

그 인자하심이 영원하시기 때문입니다

저희를 대적에게서 건지신 이에게 감사함은

그 인자하심이 영원하기 때문입니다

모든 육체에게 식물을 주신 이에게 감사함은

그 인자하심이 영원하기 때문입니다

하늘의 하나님께 감사함은

그 인자하심이 영원하기 때문입니다

† 아멘

하나님을 기억하는 기도

주의 백성들이 바벨론 강변에 앉아서

시온을 기억하며 울었습니다

버드나무에 수금을 걸었으나

그들은 즐겁게 노래할 마음이 나지 않았습니다

그들을 사로잡은 자가 거기서 노래를 청하며

감금한 자가 오락을 원해

"시온 노래 중 하나를 노래하라" 했습니다

주의 백성이 낯선 땅에 붙잡혀 있는 동안에는

노래를 부를 수 없었습니다

마치 오른손이 자신의 움직임을 모를 수 없는 것처럼

주의 백성은 예루살렘을 잊어버릴 수 없다고 말했습니다

오, 주여, 우리가 주를 기억하지 못하면

주의 백성의 혀가 입에 붙었을 것이라고 말했습니다

오, 주여, 예루살렘이 공격받고 있을 때

에돔이 주의 백성에게 했던 것을 잊지 마소서

에돔은 성이 파괴되며 기초가 파괴되도록

소리쳤습니다

오 여호와여, 주가 바벨론을 파괴하실 것을 압니다

누군가는 그 일을 기뻐합니다
바벨론이 주의 자손을 파괴한 것처럼
그들이 바벨론의 자손을 파괴하게 될 날이 올 것입니다

† 아멘

고통 중에 하나님의 구원을 구하는 기도

오 여호와여
전심으로 주께 감사하며
우상이 아닌 주께 찬양할 것입니다
제가 주의 성전에서 주를 경배하며
주의 인자하심과 성실하심을 경배하니
이는 스스로 자신의 이름을 높이셨으며
말씀을 보존하셨기 때문입니다

고통의 날에 주께 부르짖을 때
힘을 주셔서 격려하시고 응답하셨습니다
주의 입의 말씀을 들을 때
땅의 열왕이 주를 찬양합니다
그들이 여호와의 길을 노래하니
여호와의 영광은 위대하십니다

여호와께서 높이 계셔도

낮은 자를 친절하게 하감하시며

멀리서도 교만한 자를 아십니다

환난이 많이 있을 때도

주께서 환난을 통과하게 도우시며

주의 손을 펴사 제 원수들의 노를 막으시며

주의 오른손은 저를 구원하실 것이며

인생을 향한 계획을 완성하실 것입니다

주의 인자하심이 영원하오니

저를 보호하시는 것을 멈추지 마소서

†아멘

※ 다윗의 시편

시편 139편
인생을 돌보시는 하나님께 감사의 기도

여호와여 주께서 저를 감찰하시고

철저하게 아셨습니다

주께서 저의 앉고 일어섬을 아시며

멀리서도 저의 생각을 이해하시며

저의 길과 쉬는 것을 아시며

제가 가는 모든 곳에 익숙하십니다

제 혀가 말하기 전에
주께서는 제가 무엇을 말할지도 아십니다
주는 제 앞 뒤의 모든 것 되시니
제 위에 안수하셨습니다
주에 대한 지식은 기이한 것이며
주는 어떤 사람보다 더 위대한 지식을 가지고 계십니다

주의 성령에게서 벗어나는 것은 불가능하며
주의 임재에서 벗어날 수 없습니다
제가 하늘에 갈 수 있다 해도 주께서 거기 계시며
제가 지옥에 제 침대를 두어도 주께서 거기도 계십니다
제가 새 날에 날개로 멀리 날아가며
바다를 건너갈 수 있다 해도

주의 손이 저를 인도하시는 것과
저를 붙드시는 오른손을 깨닫습니다
어둠이 저를 확실하게 숨기고
밤은 저에 대한 모든 것을 덮지만
주로부터 어두움에 숨을 수 없음은
밤이 낮처럼 빛나며
어두움과 빛이 주께 동일하기 때문입니다

주가 신체의 내부를 만드셨고

제 어머니의 태에서 저를 창조하셨습니다

저를 놀랍고 기이하게 조성하심을 찬양하며

주의 기이한 창조 역사를 인정합니다

주께서 태의 보호로 제가 잉태되었음을 보셨으니

제가 주의 보호 아래 왔습니다

저를 위한 모든 인생의 날은 예정되었으며

출생 전에 책에 쓰셨습니다

저를 향한 주의 생각은 귀중하니

저에 대해 주께서 생각하시는 횟수를 헤아릴 수 없습니다

제가 모두 세려고 하면

모래의 숫자보다 더 많습니다

제가 매일 아침에 깰 때에

주는 여전히 제 바로 옆에 계십니다

주께서 악한 자를 파괴하시며

저를 죽이려는 모든 자들을 제거하실 것입니다

대적이 주를 모독하며

주를 잘못 인용하며 헛되이 주의 이름을 받습니다

저는 주를 미워하는 자를 미워하며

주를 반대하는 사람들을 상관치 않을 것입니다

그렇습니다, 저는 대적을 미워하니

주의 대적은 저의 대적입니다

저를 감찰하사 제 마음의 의도를 아시고
시험하사 저의 생각을 아소서
제 속에 악한 생각을 끄집어 내시고
영생의 길로 인도하소서

† 아멘

시편 140편
경건한 사람을 공격하는 사람들을 처벌하는 기도

여호와여, 악인에게서 저를 건지시며
상하게 하려는 자에게서 보전하소서
그들이 중심에 악한 계획을 꾀하고
싸우기 위해 매일 모이며
뱀같이 그 혀를 날카롭게 하니
그 입술 아래는 독사의 독이 있습니다, 셀라!
여호와여, 악인의 손에서 구원하시며
저를 보전하사 강포한 자에게서 벗어나게 하소서
교만한 자가 저를 해하려고
올무와 줄을 놓으며 길 곁에 그물을 치며
함정을 두었습니다, 셀라!

여호와께 말하기를 주는 나의 하나님이시니
여호와여, 간구하는 소리에 귀를 기울이소서 했습니다
구원의 능력이신 주 여호와여
전쟁의 날에 주께서 보호하소서

여호와여, 악인의 소원을 허락지 마시며
그들이 주 앞에서 교만하지 않게 하소서, 셀라!
저를 파괴하기 위해 계획한 것으로
자신들이 파괴되게 하소서
뜨거운 숯불이 그들에게 떨어지게 하시며
다시 일어나지 못하게 하소서
거짓말하는 자는 땅 위에 형통하지 못하게 하시며
그들이 박해받고 파괴되게 하소서

여호와는 고난당하는 자를 신원해 주시며
궁핍한 자에게 공의를 베푸십니다
진실로 의인이 주의 이름에 감사하며
정직한 자가 주의 앞에 거할 것입니다

† 아멘

※ **다윗의 시편**

악인으로부터 구원을 구하는 기도

여호와여, 제가 주를 불렀사오니
속히 제게 임하소서
제가 주께 부르짖을 때에 제 음성에 귀를 기울이소서
저의 기도가 주가 들으시는 가장 중요한 것이 되게 하시며
제가 든 손이 주를 즐겁게 하는 가장 중요한 것이 되게 하소서
여호와여, 제 입 앞에 파수꾼을 세우시고
입술의 문을 지키소서
마음이 악한 일에 기울어
죄악을 행하는 자에게 관련되거나
죄악으로 즐기지 말게 하소서
길을 잃을 때 경건한 사람들이 저에게 상기시켜 주게 하소서
완고할 때 꾸짖게 하시며
그들의 말을 듣게 하소서

제가 악을 행하는 사람들과 악을 대항해
계속 기도할 것입니다
거역하는 자들이 넘어질 때
죄인들은 제가 왜 경건하게 사는지 이해할 것입니다
그들은 농부가 돌을 깨뜨리는 것처럼

죽어서도 우리의 뼈가 부서지고 흩어졌구나 라고 할 것입니다

그러나 오, 주여, 제가 주께 도움을 구합니다
주는 저의 피난처이시니 죽지 않게 하소서
저를 지키사 그들이 잡으려고 놓은 올무와
행악자의 함정에서 벗어나게 하옵소서
악인은 자기 그물에 걸리게 하시고
저는 안전하게 걷게 하소서

† 아멘

시편 142편
고통으로부터 구원을 구하는 기도

제가 크게 소리 내어 여호와께 부르짖으니
도움을 구할 때 들으소서
고통을 그 앞에 토하며
어려움을 그 앞에 말했습니다
영이 속에서 상할 때에도
주만이 제가 무엇을 해야 하는지 아셨습니다

제가 인생에서 가는 모든 곳에
대적은 올무를 놓습니다

제 오른손을 쳐다보지만

돌보는 사람이 없었습니다

이 생존 세계에서

제가 주께 부르짖사오니

주는 저를 보호하실 유일한 분이십니다

저의 부르짖음을 들으소서

제가 낙담했습니다

핍박하는 자에게서 건지소서

그들은 저보다 강하기 때문입니다

저의 감옥에서 저를 구원하사

주의 이름을 찬양케 하소서

주께서 주의 선하심을 보일 때

경건한 자가 제 주위로 모여들 것입니다

† 아멘

※ 다윗의 교훈의 시편; 그가 동굴에 있을 때의 기도

시편 143편
대적으로부터 구원을 구하는 기도

여호와여, 제 기도를 들으시며

주의 진실과 의로 응답하소서
저의 불순종을 심판하지 마소서
주와 비교했을 때 완전한 자는 없기 때문입니다
대적이 저를 쫓고 있으며
그는 저를 땅에 엎드러지게 했으니
저는 죽은 사람처럼 어둠에 숨었습니다
제 영이 무너지며
마음에는 소망이 없습니다

좋았던 옛날을 기억하고
주의 모든 행하신 것을 묵상하며
주의 손의 행사를 생각하고
주를 향해 손을 펴고
제 영혼이 마른 땅같이 주를 사모합니다, 셀라!

여호와여, 속히 응답하소서
제 영혼이 낙담했습니다
주의 얼굴을 제게서 숨기지 마소서
제가 죽은 자 같을까 두렵습니다

아침에 주의 신실함을 생각하게 하소서
제가 주를 의뢰함입니다
어떻게 경건한 삶을 살아야 하는지 보여 주소서

그것이 제 마음의 소원이기 때문입니다

여호와여, 저를 원수들에게서 건지소서
제가 주께 피해 숨었습니다
주는 저의 하나님이시니
저를 가르쳐 주의 뜻을 행케 하소서

인생을 향한 주의 완전한 계획으로 저를 인도하소서
주는 선하시기 때문입니다
고통에서 구원하소서
주는 의로우시기 때문입니다
주의 이름을 위해
저를 지금부터 보호하소서
저의 모든 대적을 제거하시며
그들을 파괴하소서
저는 주의 종이기 때문입니다
✝ 아멘

※ 다윗의 시편

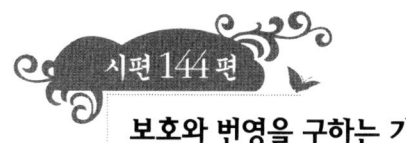

보호와 번영을 구하는 기도

반석 여호와를 찬송합니다
주께서 제게 힘을 주시며
기술을 주시기 때문입니다
주여, 주는 선하시며 강하시니
저를 보호하시고 구원하십니다
저는 주의 보호하심을 피난처로 삼으니
주는 대적들을 파괴하십니다

오, 주여, 유한한 사람이 무엇이관데
주께서 저에게 관심을 가져 주시며
인생이 무엇이관데 저를 생각하십니까
사람은 한 번의 호흡 같으며
그의 날은 지나가는 그림자 같습니다

하늘을 찢어 넓게 여시고 땅으로 오소서
산들에 접촉하사 연기가 발하게 하소서
번개로 치시며
주를 대적하는 사람들을 파괴하소서
하늘에서부터 주의 손을 펴사

위험한 홍수와

대적의 손에서 구하여 건지소서

그들의 입은 거짓을 말하며 계속 속입니다

하나님이여, 주께 새 노래로 노래하며

열 줄 비파로 주를 찬양합니다

주는 왕들에게 승리를 베푸시며

종 다윗을 구원하셨습니다

대적의 공격과

대적자의 능력에서 구하여 건지소서

그들의 입은 항상 거짓을 말하며

그들은 저를 파괴하려고 거짓으로 계획을 세웁니다

저의 아들들이 잘 자라게 하시고

잘 영양을 받은 식물처럼 자라게 하소서

저의 딸들은 장엄한 궁전을 장식하는

아름다운 기둥 같게 하소서

곳간에는 모든 종류의 곡식이 가득하며

양떼는 배가하며 자라게 하소서

우리의 일하는 동물은 무거운 짐을 나르게 하시며

성벽은 대적을 대비해서 안전하게 하소서

우리 중의 누구도 끌려 가서 갇혀 살지 않게 하소서

주여, 우리는 이처럼 행복한 인생이 될 것입니다

당신은 주님이시므로 우리가 복을 받을 것입니다

† 아멘

※ 다윗의 시편

시편 145편
신실하신 하나님을 높이는 기도

왕이신 저의 하나님이여 제가 주를 높이고
영원히 주의 이름을 송축하겠습니다
날마다 주의 이름을 높이며
영영히 주의 이름을 송축하겠습니다
여호와는 광대하시니
크게 찬양할 것입니다
그의 광대하심을 측량하지 못할 것입니다
대대로 주의 행사를 크게 찬송하며
주의 능력을 다음 세대에게 선포할 것입니다
주의 존귀하고 영광스러운 위엄과
주의 기사를 말할 것입니다
사람들은 주의 풍부한 선함을 말할 것이요
주의 신실함을 크게 노래할 것입니다

주는 은혜로우시고 자비로우시며

잘 분노하지 않으시며 사랑이 충만하십니다

주는 모든 사람에게 선대하시며

그 지으신 모든 것에 긍휼을 베푸십니다

여호와여, 주의 지으신 모든 것이 주를 찬양하며

주의 성도가 주를 송축할 것입니다

저희가 주의 영광스러운 통치를 말하며

주의 위대한 능력을 말할 것입니다

결과로 모든 사람들이 주의 능력의 행동과

주의 통치의 장엄한 영광을 압니다

주의 나라는 영원한 나라이니

주의 통치는 대대에 이를 것입니다

여호와께서는 모든 넘어지는 자를 붙드시며

쓰러진 자를 일으키십니다

모든 이의 눈이 주가 도우시기를 바라보니

주는 때를 따라 저희의 필요를 공급하시며

손을 펴사

모든 사람의 소원을 만족케 하십니다

여호와께서는 그 모든 행위에 의로우시며

그 모든 행사에 거룩하십니다

여호와께서는 자기에게 간구하는 모든 자

곧 진실하게 간구하는 모든 자에게

가까이 하십니다

그는 자기를 경외하는 자의 소원을 이루시며

또 저희 부르짖음을 들으사 구원하십니다

여호와께서 자기를 사랑하는 자는 다 보호하시고

악인은 다 멸하실 것입니다

제가 주를 높입니다, 오, 나의 주여

이 땅의 모든 사람이 주의 성호를

영원히 대대로 송축하게 하소서

† 아멘

※ 다윗의 찬양의 시편

> 시편 146~150편

♤ 정말로 행복할 때 하는 기도

할렐루야 시편들

마지막 다섯 시편(146-150)은 각각 히브리어 할렐루야(hallelu-JAH: JAH는 여호와 혹은 주님)로 시작하고 끝나기 때문에 소위 '할렐루야 시편'이라고 불립니다. 시편 책 전체는 하나님께 대한 기도이므로 마지막 다섯 시편은 포함된 모든 시편들을 위한 '할렐루야'라는 메아리입니다. 이 마지막 시편은 할렐루야를 외치므로 각각은 할렐루야의 외침으로 시작하고 끝이 납니다.

작가는 만물의 시작과 창조의 하나님을 찬양하므로 시편 146편을 '창조 시편'이라 부릅니다.

"여호와는 천지와 바다와 그 중의 만물을 지으시며"(시 146:6).

할렐루야, 주님 땅과 그 속의 만물을 저희에게 주셔서 감사합니다.

시편 147편은 '출애굽 시편'이라 불립니다. 왜냐하면 그 시편이 약속의 땅으로 되돌아오도록 구원하시는, 이스라엘의 신실하신 하나님을 찬양하기 때문입니다. "여호와께서 예루살렘을 세우시며 이스라엘의 흩어진 자를 모으시며"(시 147:2).

할렐루야, 주님, 구원과 회복을 주셨습니다.

시편 148편은 하나님의 성소에 대한 '레위기 시편'이라 불립니다. 이 시편은 전 우주가 하나님이 거하는 곳이기 때문에 할렐루야를 외치라고 저희에게 말하고 있습니다. "할렐루야 하늘에서 여호와를 찬양하며 높은 데서 찬양할지어다(시 148:1). 그러나 하나님의 가장 위대한 성소는 그분께서 사람들 중에 거하실 때입니다. "저를 친근히 하는 이스라엘 자손의 찬양거리로다"(시 148:14).

할렐루야, 주님은 저의 마음의 성소에서 사십니다.

시편 149편은 가데스 바네아(수 13-15장)에서 백성에 대한 심판과 그 이후의 광야의 방황을 회상하는 '민수기 시편'이라 불립니다. 하나님은 축복과 처벌이라는 양쪽 약속 모두를 지키십니다. 그러므로 할렐루야라고 외치십시오. 왜냐하면 "기록한 판단대로 저희에게 시행할 지로다 이런 영광은 그 모든 성도에게 있도다 할렐루야"(시 149:9)이기 때문입니다.

주님, 주님의 신실하심에 할렐루야.

시편 150편은 신명기가 이스라엘에 일어났던 모든 것을 반복했던 것처럼 전에 일어났던 모든 것의 찬양을 반복하는 '신명기 시편'입니다.

주님, 주님이 행하신 모든 것에 할렐루야.

돌보심에 대해 찬양하는 기도

할렐루야
영혼의 깊은 곳에서 주를 찬양하며
일생 동안 주를 찬양합니다
살아 있는 동안 주를 찬양할 것입니다
지도자들을 의지하지 않을 것이며
도울 힘이 없는 인생도 의지하지 않을 것입니다
그 호흡이 끊어지면 그들은 묻힐 것이니
당일에 그들은 사라져 버립니다

저는 주 하나님을 신뢰하니 축복받았습니다
주가 저의 소망이십니다,
오 여호와 야곱의 하나님이여
여호와는 천지와 바다와 그 중의 만물을 지으시며
영원히 진실하시며
학대받은 자를 보호하십니다
주린 자에게 식물을 주시며
갇힌 자를 해방하시며
소경의 눈을 여시며
학대받은 자를 높여 주시며

의인은 사랑하십니다

오, 여호와여, 주께서 객을 보호하시며
고아와 과부를 붙드시고
악인의 길은 굽게 하십니다
오, 여호와여, 주는 영원히 다스리시며
주는 항상 이스라엘의 하나님이십니다
할렐루야, 주여

※ 할렐루야 시편

인생의 축복에 대해 하나님을 찬양하는 기도

할렐루야, 주여
주를 찬양함이 흥미롭고 만족시킵니다
여호와께서 예루살렘을 재건하시며
포로들을 그 땅으로 돌려보내십니다
상심한 자를 고치시며
저희 상처를 싸매십니다

주께서 별의 수효를 계수하시고

저희를 다 이름대로 부르십니다
주는 광대하시며 능력이 많으시며
그 지혜가 무궁하십니다
여호와께서 겸손한 자는 격려하시고
악인은 땅에 던져버리십니다

감사함으로 여호와께 노래하며
수금으로 하나님께 찬양합니다
그분은 구름으로 하늘을 덮으시며
땅을 위해 비를 예비하시며
산에 풀이 자라게 하시며
들짐승과 우는 까마귀 새끼에게 먹을 것을 주십니다
여호와는 말의 힘을 즐거워 아니하시며
사람의 다리도 기뻐 아니하시고
자기를 경외하는 자와
그 인자하심을 바라는 자들을 기뻐하십니다

저는 예루살렘과 함께 주를 찬송하며
시온과 함께 주를 찬양합니다
제 문빗장을 견고히 하시고
주의 돌봄 안에 있는 자들을 축복하십니다
주의 백성에게 평화를 주시며
그들에게 가장 좋은 음식으로 제공해 주십니다

그 명령을 땅에 보내시니

그 말씀의 영향력이 속히 퍼져 나갑니다

우리 위에 눈을 내리시며

서리를 재같이 땅 위에 흩으시며

자갈처럼 얼음으로 땅에 덮으십니다

사람이 돌을 던지는 것처럼 우박을 아래로 던지십니다

그때 그것들은 주의 계획에 따라서 녹아 내리니

주께서 얼음을 녹이기 위해 바람을 보내십니다

주께서 말씀을 야곱에게 주시며

그 율례와 규례를 이스라엘에게 보이십니다

아무 나라에게도 이같이 행치 아니하셨나니

그들은 주의 법을 깨닫지 못합니다

할렐루야, 주여

※ 할렐루야 시편

시편 148편
예배와 찬양의 기도

할렐루야, 주여

하늘들이 주를 찬양하며

높음이 주를 찬양합니다
천사들도 주를 찬양하며
군대도 주를 찬양합니다
태양과 달도 주를 찬양하며
별빛도 주를 찬양합니다
주가 계시는 하늘도 주를 찬양하며
하늘 위의 물도 주를 찬양합니다
그들 모두가 주의 이름을 찬양합니다, 오 ,주여
주께서 그들이 창조되라고 명령하셨기 때문입니다
주께서 영원한 장소에 그들을 두셨으며
그들에게 결코 소멸되지 말라고 명령하셨습니다
땅이 주를 찬양하니
바다의 깊은 곳의 거대한 생물들이 주를 찬양합니다

불과 우박과 눈과 안개
광풍이 주의 말씀을 순종합니다
산들과 모든 작은 산과 과목과
모든 백향목이며 짐승과 모든 가축과 기는 것과 나는 새며
세상의 왕들과 모든 백성과 왕자들과
땅의 모든 재판관들과 청년 남자와 처녀와 노인과 아이들이
모두 여호와의 이름을 찬양합니다
그 이름이 홀로 높으시며
그 영광이 천지에 뛰어나시기 때문입니다

주께서 그 백성을 높이셔서 찬양케 하셨습니다

주께서 모든 성도 곧 저를 친근히 하는 이스라엘
자손의 찬양거리입니다

할렐루야, 오 주여

※ 할렐루야 시편

노래함으로 주님을 찬양하는 기도

할렐루야, 주여

새 노래로 여호와께 노래하며

성도의 회중에서 찬양할 것입니다

이스라엘은 자기를 지으신 자로 인해 즐거워하며

시온의 자손은 주의 통치로 인해 즐거워하게 하소서

춤추며 그의 이름을 찬양하며

소고와 수금으로 그를 찬양하게 하소서

여호와께서는 자기 백성을 기뻐하시며

겸손한 자를 구원으로 아름답게 하십니다

성도들은 영광 중에 즐거워하며

밤에 기쁨으로 노래하게 하소서

그 입술로 주를 찬양하게 하시며

두 손에 있는 칼에 주의하게 하소서
대적을 심판하며
적들을 벌하며
저희 왕들은 감옥에
저희 관리들은 쇠사슬에 결박하게 하소서
법에 따른 심판을 실행할
모든 성도는 법적인 특권을 가지고 있나이다
할렐루야, 주여

※ 할렐루야 시편

회중에서 주님을 찬양하는 기도

할렐루야, 주여
그 성소에서 하나님을 찬양하며
그 광대한 하늘에서 주를 찬양합니다
그의 권능의 역사하심을 인하여 찬양하며
주의 지극히 광대하심을 좇아 찬양합니다
나팔 소리로 찬양하며
기타와 베이스기타로 찬양합니다
온 몸과

현악기와 퉁소로 찬양합니다
꽹과리 연주로 찬양하며
더 많은 꽹과리의 공명으로 찬양합니다
호흡이 있는 자마다 여호와를 찬양합니다
할렐루야, 주여
† 아멘 아멘

※ **할렐루야 시편**

시편으로 기도하기

지은이 엘머 타운스
펴낸이 김혜자
옮긴이 이상훈

1판 1쇄 인쇄 2010년 2월 16일 ㅣ 1판 1쇄 펴냄 2010년 2월 19일

등록번호 제16-2825호 ㅣ 등록일자 2002년 10월
발행처 쉐키나 출판사 ㅣ 주소 서울시 강남구 대치3동 982-10
전화 (02) 3452-0442 ㅣ 팩스 (02) 3452-4744
www.ydfc.com
www.tofdavid.com

값 13,000원
ISBN 978-89-92358-46-0 03230

※잘못된 책은 바꿔 드립니다.

쉐키나 미디어는 영적 부흥과 영혼의 추수를 위해 책, CD, TAPE, 영상물 등의 매체를 통해 하나님 나라가 7대 영역(종교·가정·교육·정부·미디어·예술·사업)으로 확장되는 비전으로 나아가고 있습니다.

Shekinah

쉐키나 출판 도서 안내

서울시 강남구 대치 2동 982-10 쉐키나기획
02-3452-0442
www.shekinahmall.com

하나님이 말씀하실 때
척 피어스 & 레베카 와그너 시세마 지음 | 214면 | 값 9,000원

하나님의 말씀을 경청하는 법, 꿈과 비전을 해석하는 법, 그리고 우리가 이해한 것을 실천함으로써 궁극적으로 하나님이 주신 비전을 어떻게 실천할 수 있는지를 보여 준다. 우리는 하나님의 음성을 인식하는 것을 배워야 한다. 그렇게 함으로써 우리의 삶을 향하신 하나님의 뜻을 이해할 수 있다. 구별된 하나님의 음성이 현실이 될 때까지, 우리가 하나님의 음성에 따라 행동하는 것은 성공적인 크리스천의 삶을 사는 열쇠이다.

중보기도 이렇게 하라
더치 쉬츠 지음 | 고병현 옮김 | 212면 | 값 9,800원

중보기도는 어떤 것인가? 쉬운 것 같으면서도 어려운 중보기도. 과연 중보기도는 어떤 것이며 어떻게 시작해 나가야 하는 것인지를 상세하게 표현해 주고 있다. 중보기도의 첫 시작은 하나님과의 관계에 있다. 우리는 하나님과의 사랑의 관계에 초대되었다. 우리가 기도하는 동기는 관계, 즉 하나님과의 소통에 있어야만 한다. 예수님과의 순수하고 명료한 관계 안에서 시작하는 것이 중보기도의 우선순위이다. 중보에는 만남이 있으며 위험으로부터 보호하는 능력이 있으며, 인내하는 아픔과 적을 향한 공격과 선포가 있으며 또한 기쁨이 있다.

초자연적 삶을 살라
신디 제이콥스 지음 | 편집부 옮김 | 216면 | 값 9,000원

베스트셀러 저자 신디 제이콥스의 이 책은 성령세례를 갈망하는 새신자뿐만 아니라 목회자에 이르기까지 더욱 강렬한 성령의 역사를 갈망하는 모든 사람들에게 유익하다. 자신의 성령세례의 체험에서부터 성령님의 기름부으심으로 사역했던 많은 사역자들의 예화를 통해 성령님을 향한 우리의 열정을 더욱 불러일으키고 있다. 하나님께서 허락하신 하늘과 땅의 모든 권세, 초자연적 성령의 역사하심이 가장 자연스러운 삶! 초자연적 삶으로의 초대이다.

부흥의 우물을 파라
루 엥글 & 캐서린 페인 지음 | 김영우 옮김 | 304면 | 값 12,000원

이 책에 나타난 루 엥글의 열정은 당신의 마음에 부흥을 가져올 영적 유산을 다시 찾기 위해 하나님께 나아가도록 동기를 부여할 것이다. 우리의 역사 안에 우리의 희망이 있다. 이 책은 영적 유산에 우리의 관심을 돌리게 한다. 20세기 초의 아주사(Azusa) 거리 부흥운동에서부터 토론토, 볼티모어, 그리고 21세기에 들어갈 무렵의 브라운스빌에 이르기까지 루 엥글은 과거의 일이 현재에도 일어날 수 있다는 것, 즉 과거에 물이 마음껏 흐르던 곳에서 오늘날 다시 샘이 솟아날 수도 있다는 사실을 우리에게 상기시켜 준다.

신사도적 교회로의 변화
피터 와그너 지음 | 김영우 옮김 | 238면 | 값 9,800원

제2의 사도적 종교개혁 시대를 맞이해 교회가 이 땅에 하나님 나라를 이루는 데 당신이 어떻게 쓰일 수 있는가를 정확히 보여 주고 있다. 교회의 혁명적 개혁을 다룬 이 책은 바로 이 시대에 성령의 능력으로 일어나고 있는 흥미진진한 일들을 조명해 주고 있다. 하나님의 뜻이 이 땅에 이루어지기 위해 우리는 하나님의 의도를 알고 그것을 성취하기 위해 함께 일해야 한다. 역사를 만드는 자가 되자. 그리고 근본적인 변화를 위한 하나님의 부르심에 응답하자!

하나님의 승인
그레이엄 쿡 & 게리 구델 공저 | 임종원 옮김 | 424면 | 값 14,000원

*주님의 임재를 환영하는 일 *지금까지 그분이 원하셨던 대로 그리스도 안에서 자라가는 일 *하나님께서 친히 인도하시는 모임을 경험하는 일 *단순히 교회에 참석하는 정도가 아니라 바로 그 교회가 되는 일 *중보기도에서 자라가는 일
교회, 가정, 공동체, 개인적인 삶, 그리고 회중에 속한 사람들의 삶 가운데 하나님의 임재를 환영할 수 있도록 새로운 여러 가지 방법들을 발전시키면서 여러 해 동안 경험한 것들을 함께 나눌 때 하나님께서는 모든 자녀들에게 그분이 굉장히 사랑하고 흠모하는 신부가 되도록 허락하고 계신다.

축복된 삶
로버트 모리스 지음 | 김영우 옮김 | 272면 | 값 11,000원

축복을 받는다는 것은 초자연적 능력이 당신을 위해 역사한다는 뜻이다. 축복을 받은 사람의 하루 하루는 하나님이 허락하신 우연과 하늘에 속한 의미 있는 일들로 가득 차 있다. 하나님은 당신이 드리는 것을 필요로 하시는 분이 아니다. 다만 당신이 축복을 받아야 할 필요가 있다. 드림으로써 받는 축복이 얼마나 대단한 것인지, 그리고 청지기로서의 삶이 어떠한 모습인지 볼 수 있을 것이다. 하나님과의 바른 관계를 먼저 세움으로써 나누어 주고, 드리는 풍성한 삶, 넉넉한 삶으로 나아가는 길을 제시해 준다. 당신은 곧 축복된 삶을 사는 방법을 발견하게 될 것이다.

당신은 기름부음 받은 자
바바라 웬트로블 지음 | 권지영 옮김 | 248면 | 값 9,800원

많은 믿는 자들이 기름부음에 대해 이야기하지만 기름부음이 무엇이고 어떻게 작용하는지에 대해서는 거의 이해하지 못한다. 이 책은 그것에 대해 다룬 실질적인 지침서이다. 하나님께서는 어떤 목적을 위해 모든 그리스도인들에게 기름부음을 주셨다. 당신의 기름부음은 무엇인가? 어떻게 기름부음을 나타낼 수 있는가? 당신이 기름부음으로 움직이기 시작할 때 어떤 일이 일어나는가?
이 책을 통해 당신의 삶을 향한 하나님의 특별한 목적이 무엇인지 찾으라! 당신이 성공할 수 있도록 하나님께서 어떻게 준비시켜 주셨는지 알아보라!

하나님을 들으라
짐 골 지음 | 권지영 옮김 | 190면 | 값 10,000원

우리 모두는 하나님의 음성을 들을 수 있고 하나님께 말할 수 있다! 개인적으로 하나님의 음성을 듣지 못하도록 막고 있는 장애물을 극복하는 법을 알려 주고, 하나님으로부터 오지 않은 말씀으로 인해 잘못된 길로 빠지지 않도록 피할 수 있는 방법을 가르쳐 준다. 귀를 열어 주고 마음을 열어 주는 짐 골 목사의 책은 쉬운 문체와 함께 자기 자신의 여정에서 겪은 재미있는 이야기들로 우리를 하나님의 마음에 더 가까워지도록 인도해 주는 원리를 매우 쉽고 분명하게 설명해 준다.

당신을 향한 하나님의 지금 이 시간
척 피어스 & 레베카 와그너 지음 | 권지영 옮김 | 224면 | 값 9,000원

하나님께서 당신을 어머니의 태 속에 만드셨을 때 그분은 당신의 삶을 위한 분명한 목적과 시간을 가지고 계셨다. 하나님은 모든 사람들의 인생을 위해 놀라운 소명을 가지고 계시지만 많은 그리스도인들은 하나님이 그들을 위해 가지고 계신 모든 것을 다 깨닫지도 못한 채 죽음을 맞이한다. 그 이유는 무엇인가? 이 책을 통해 당신의 잠재적인 가능성에 도달할 수 있는 역동적이고 생명을 주는 해답을 찾게 될 것이다.

지성소의 비밀
단 노리 지음 | 고병현 옮김 | 192면 | 값 10,000원

하나님의 바람이 불고 있다. 바람은 지성소 안 휘장 속에 있는 주님의 생명으로 우리를 이끌고 있다. 거기서 우리는 주님께서 보시는 그대로의 우리 모습을 알게 될 것이며, 우리의 심장이 늘 갈망했던 깊은 관계를 체험할 것이다. 표면적이고 수동적인 성도들에게 오랫동안 숨겨져 있던 비밀들이 주님을 부지런히 찾는 이들에게 놀랍게 공개된다. 이 책은 강의서나 신학 해설집이 아니다. 살아 있고 역동적인 하나님과의 체험이다!

엘리야 혁명
짐 골 & 루 엥글 지음 | 권지영 옮김 | 256면 | 값 12,000원

오늘날 전 세계에서는 역사상 유례가 없는 새로운 차원의 거룩한 혁명이 진행되고 있다. 끊임없는 영적 도덕적 타락에 직면한 수천의 믿는 자들이 그리스도께 완전하고 극단적으로 자신을 내어드리는 거룩한 삶으로의 부르심에 반응하고 있다. 그들은 하나님을 향한 불타는 열정을 가지고, 점점 세속화되는 문화의 가치들과 삶의 방식을 타협하기를 거부하며 그리스도의 편에 서서 단호하게 맞서고 있다. 이 책은 이전과는 다른 극단적인 거룩함과 그리스도를 향한 헌신의 삶으로 당신을 도전케 할 것이다.

하늘 여신과의 영적 대결
피터 와그너 지음 | 권지영 옮김 | 79면 | 값 4,800원

사탄의 위계에서 높은 서열을 차지하고 있는 정사는 오랜 세월 동안 수많은 잃어버린 영혼들의 눈을 가리워 왔다. 이 책에서 피터 와그너 박사는 하늘 여신이 과거에 자신의 목적을 어떻게 이루어 왔는지 그리고 오늘날 어떻게 자기 자신을 드러내고 있는지를 살펴보고 있다. 하나님은 우리에게 하늘 여신과 대결하라는 명령을 주셨다. 이 작은 책은 처음에 이 명령을 어떻게 받게 되었는지 그리고 하나님께서는 그분의 군대가 어떻게 전쟁으로 들어가기를 기대하고 계시는지를 보여 준다.

교회의 미래전쟁
척 피어스 & 레베카 와그너 시세마 지음 | 메리앤 이 옮김 | 432면 | 값 14,000원

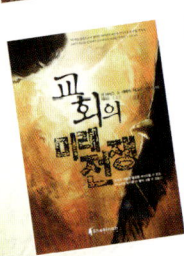

앞으로 교회가 충돌하게 될 미래의 상황을 예언하는 책이다. 그러나 이것은 단순한 예언서가 아니다. 이 책은 우리가 보고 있는 교회의 통치 질서의 변화와 마틴 루터나 존 캘빈 시대에 경험했던 것보다 더 엄청난 권세에 대해 계시해 주고 있다. 저자는 하나님의 군대가 교회의 미래전쟁에서 어떻게 하면 승리로 나아갈 수 있는지를 보여 주며, 실질적인 전략지침을 우리에게 주고 있다. 우리에게 경종을 울려 줄 뿐만 아니라 어떻게 하면 원수를 이길 수 있는지에 대한 구체적인 방법까지 제시하고 있다.

기도의 용사가 돼라
엘리자베스 알베스 지음 | 김주성 옮김 | 304면 | 값 11,000원

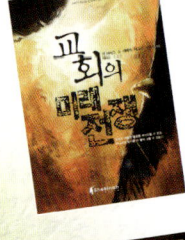

기도가 우리의 삶에 큰 비중을 차지하고 있음을 우리 모두는 잘 알고 있다. 그러나 소수의 사람들만이 기도에 숙련되어 있다고 느낀다. 우리는 열정적이고 능력 있는 기도를 어떻게 해야 하는지에 대한 실제적이면서도 명확한 지침서로부터 유익을 얻고자 한다. 중보기도를 시작하는 사람에서부터 숙련된 중보기도자에 이르기까지 모든 사람들에게, 이 책은 기도의 본질적이고 능력 있는 온전한 지침서가 될 것이다.

사도와 선지자
피터 와그너 지음 | 임수산 옮김 | 224면 | 값 11,000원

예수님께서는 자기 자신을 교회의 모퉁이돌로 나타내셨다. 그분은 직접 자신의 교회를 세우셨고, 지금도 세우고 계시되 성령의 능력을 받은 자들인 사도와 선지자들을 통해 그 일을 하고 계신다. 〈교회의 지각변동〉을 저술했으며 동시에 신 사도적 개혁을 이끌고 있는 저자는 교회 안의 중대한 역할로 사람들이 어떻게 부름받게 되는지에 대한 새로운 통찰력을 제공하고 있다.

오늘날의 사도
피터 와그너 지음 | 박선규 옮김 | 240면 | 값 11,000원

사도적 영역에서 우리 세대의 가장 위대한 권위자라 할 수 있는 피터 와그너는 이 주제들에 관하여 수년 동안 글을 써왔다. 〈오늘날의 사도〉는 1990년대에 시작해 지금까지 지속되고 있는 신 사도적 개혁의 진보에 대해 조명해 준다. 하나님의 뜻이 이 땅에 이루어지는 것을 볼 수 있기 위해, 사도들에게 하나님과의 관계 속에서 올바른 위치를 차지하라고 외치고 있다. 건강한 교회들과 일터와 도시와 각 나라들에서 사도의 역할이 무엇인지에 대해 신선한 비전을 제시해 준다.

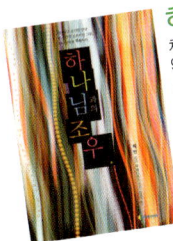
하나님과의 조우
체 안 & 린다 M 래드포드 지음 | 김현경 옮김 | 288면 | 값 13,000원 | 포켓판 | 352면 | 값 9,500원

당신은 무언가를 더 원하고 있는가? 인생에서 더 얻고자 하는 것이 있는가? 교회에 대해 더 바라는 바가 있는가? 아직 채워지지 않은 공허감을 충족시킬 진정한 만 가? 〈하나님과의 조우〉는 종교적인 책이 아니다. 당신의 삶을 변화시키 원한다면 그리고 인생을 소개하는 책이다. 당신이 인생에서 진리와 의미를 찾기 원한다면 생의 목적을 찾기 원한다면 이 책을 읽어 보라. 초자연적 실존이신 하나님을 만나게 될 것이다. 현실보다 더 현실적인 세계에 온 것을 환영한다.

하나님과 꿈꾸기
빌 존슨 지음 | 조앤 윤 옮김 | 264면 | 값 13,000원

이 책의 저자 빌 존슨은 당신의 가정과 사회, 직장 혹은 사업, 나라와 세계를 변혁시키기 위해 필요한 모든 것에 제한이 없는 하나님의 공급함을 사용하는 비밀을 보여 준다. 당신의 세계에는 당신의 특별한 터치를 필요로 하는 곳이 있다. ● 당신의 자녀의 학교 교실, 당신의 직장동료, 당신의 이웃의 마음. 당신의 세계에는 당신의 영감을 필요로 하는 사람들이 있다. ● 당신이 사는 지역의 가난한 사람들, 당신이 사는 지역의 정치가, 당신의 국가 지도자들.
하나님께서는 당신에게 더 나은 세상을 창조할 수 있는 백지수표를 주셨다.

오직 한 가지
척 피어스 & 파멜라 피어스 지음 | 김현경 옮김 | 248면 | 값 12,000원

불확실한 미래를 바라보며 엘리야는 예수님과 같은 행동을 취했다. 그는 잠잠하고 조용한 가운데 하나님의 음성을 들을 수 있었다. 〈오직 한 가지〉는 주님의 음성을 듣기 위해 잠잠한 가운데 머물 수 있도록 매 순간 우리의 영혼을 소성케 할 것이다. 믿음의 도전과 삶의 실질적인 원리들로 가득한 이 책은 당신에게 새로운 힘을 불어 넣어 하나님께서 특별하게 계획하신 사명을 완수하기 위해 세상 속으로 힘차게 걸어 들어갈 수 있도록 격려할 것이다. 잠잠히 들어 보라. 지금 주님께서 말씀하고 계시지 않은가?

영적 전쟁 이렇게 하라
닐 앤더슨 & 티모시 워너 지음 | 진희경 옮김 | 232면 | 값 10,000원

모든 영적 전쟁은 우리의 생각 속에서 일어난다. 우리가 믿는 것이 승리를 취하는 단계를 좌우한다. 새신자든지 오랫동안 크리스천으로 살아 왔든지 간에 대적의 능력에 맞서 매일매일 더 큰 승리의 자리로 나아가야 한다. 영적 전쟁의 기초 훈련에 있어서 탁월한 매뉴얼이다.
다음 단계의 전투로 나아가기 전에 꼭 읽어야 한다.

성령을 이렇게 받으라
퀸 셔러 & 루산 갈록 지음 | 장택수 옮김 | 224면 | 값 10,000원

나는 성령으로 충만한가? 성령이 없다면 예수님이 약속하신 풍성한 삶을 살아갈 수 없다. 이 책은 당신의 신앙생활을 더욱 풍성하게 하는 첫걸음이 될 것이다.
성령을 어떻게 경험할 수 있을까? 방언은 반드시 해야 하는가? 도대체 성령은 누구인가? 퀸 셔러와 루산 갈록은 성경과 경험담과 역사적 배경을 근거로 우리가 성령 받기를 바라시는 하나님의 갈망을 설명한다. 그리고 영적인 활력을 유지하는 실제적인 조언도 전한다.

열방을 치유하라
존 로렌 샌포드 지음 | 임종원 옮김 | 416면 | 값 14,000원

어떻게 상처 입은 세상에 희망과 치유를 가져올 수 있는가?
베스트셀러 저자 존 로렌 샌포드는 하나님의 사람들이 가정, 지역사회(공동체), 나라, 세계에서 커다란 차이를 만들어낼 수 있다고 믿는다. 어떻게 그렇게 할 수 있겠는가? 샌포드는 기꺼이 자기 자신의 문제를 뛰어넘어 상처 입은 사람들을 끌어안으려는 성숙한 하나님의 아들과 딸들이 필요하다고 말한다. 우리는 모두 학대, 민족에 대한 증오심, 또한 인종 청소의 고통을 비롯한 본갖 상처를 치유하기 위해 하나님께서 사용하시는, 기꺼이 서로 짐을 나누어 지는 중보기도자가 될 수 있다.

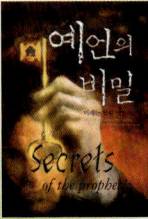

예언의 비밀
킴 클레멘트 지음 | 김현경 옮김 | 312면 | 값 13,000원

킴 클레멘트의 개인적인 삶과 예언 사역으로 부르심을 받은 이야기는 놀라움으로 가득하다. 하나님의 분명하고도 확실한 음성을 들으려 하는 모든 이들에게 필요한 비밀 같은 이야기이다. 침례를 받던 당시 물에서 올라 오면서 새로운 사람이 된 킴을 하나님은 전임 사역자로 부르셨다. 그 날 이후로 하나님은 예언의 은사를 어떻게 사용해야 하는지 가르치기 시작하셨다.
이 책에서 다루는 예언의 영역 안에 있는 실제적인 진리들은 선지자라 불리는 한 사람을 통해 발견될 것이다.

● 축사와 치유 1
피터 호로빈 지음 | 박선규 옮김 | 408면 | 값 14,000원

제자들에게 귀신을 쫓아내라고 하신 예수님의 분부가 지상명령의 중대한 부분이 었는가? 그렇다면, 교회는 왜 치유와 축사에 대해 거의 가르치지 않고 있는가? 깊은 성경적 가르침을 통해 축사 사역이 지상명령의 필수적인 부분이었다는 것을 효과적으로 실증해 보인다. 1권은 축사와 치유 사역을 위한 성경적 토대를 깔아 준다. 호로빈은 예수님과 초대교회 사역을 상세히 분석하며, 천사와 귀신들의 초자연적인 영역을 살펴보고, 또한 어둠의 세력들이 어떻게 사람들의 삶에 영향을 미치는지를 탐구한다.

● 축사와 치유 2
피터 호로빈 지음 | 박선규 옮김 | 472면 | 값 14,000원

예수님은 모든 형태의 치유를 행하셨고, 십자가를 통해 교회가 그분이 행하셨던 치유와 축사 사역을 이어나갈 수 있게 해놓으셨다. 피터 호로빈은 예수님의 시대뿐만 아니라 오늘날에도 지상명령을 성취하기 위해 절대적으로 필요한 사역이라는 것을 확증해 주고 있다. 2권은 지역교회 안에서와 상담 사역 안에서 치유와 축사 사역을 세워 나가기 위한 지침들과 도구들을 제공해 준다. 호로빈은 권위 있고 성경에 기초한 이 안내서를 통해 귀신들의 통로들을 밝히며, 사람들이 어떻게 귀신들에 의해 영향을 입고 그들이 어떻게 자유롭게 될 수 있는지에 대해 설명하고 있다.

● 하나님의 현저한 임재
단 노리 지음 | 고병현 옮김 | 224면 | 값 10,000원

하나님의 현저한 임재는 :
● 하나님과 영원히 친밀함을 누리는 것이다. ● 다가올 폭풍우로부터의 피난처다.
● 하나님의 만지심을 받는 진정한 예배다. ● 솔로몬의 성전에 계시된 하나님의 충만함이다. ● 매일 지속적인 기적을 체험하는 것이다.
우리가 하나님의 충만함을 누리고 다가올 환난 날들 가운데 보호를 받으려면 그 임재가 필요하다. 여기 그 임재 안으로 들어갈 수 있는 방법들이 있다.

변 혁
에드 실보소 지음 | 김주성 옮김 | 508면 | 값 15,000원

영혼 깊은 곳에, 우리들 모두는 부르심을 위한 청사진을 가지고 있다. 부르심 없이 태어나는 사람은 아무도 없다. 그러나 많은 이들이 부르심을 성취하지 못한다. 그런가 하면 어떤 이들은 부르심을 발견하지 못한 채 살아간다. 종종 우리는 제자리걸음을 하면서 겨우 목숨만 부지하며 살아가기도 한다.
하나님께서는 우리의 일들에 열정적인 관심을 갖고 계시며 온전히 '헌신되어' 있으시다. 하나님을 옆에 모시고서 당신의 삶을 향한 장엄한 계획을 삶으로 실행해 내는 반드시 필요한 책이다.

스미스 위글스워즈의 기도, 능력 그리고 기적들
로버트 리아돈 엮음 | 고병현 옮김 | 352면 | 값 13,000원

이 책은 전 세계적인 복음 사역자이자 치유 사역자로 알려진, 스미스 위글스워즈의 강력한 설교들을 모은 책이다. 1915년에서부터 1944년까지 있었던, 믿음에 근거한 도전적인 설교들과 놀라운 치유 사역에 대한 영감 있는 이야기들을 상세히 저술한 것이다. 그 결과 스미스 위글스워즈의 가르침, 성령의 권능 안에서 흔들림 없는 그의 믿음을 통한 복음, 또 그 복음에 대한 생생한 사랑을 표현하는 것 등의 고전 모음집이 탄생하게 되었다.

새로운 교회의 모델 가정교회란?
래리 크라이더·플로이드 맥클렁 공저 | 유정자 옮김 | 296면 | 값 11,000원

교회를 개척하는 새로운 방식이 있다. 성장하고 있는 가정교회 배가 운동이 전통적인 교회들을 통해서는 할 수 없는 방식으로 공동체와 단순성을 제공해 주면서 그들의 공동체의 필요들을 채워 주기 위해서 모든 지역에 있는 기독교인들에게 소망을 주고 있다.
● 직접 가정교회를 개척하는 방법 ● 가정교회를 개척하고 인도하는 이를 위한 실제적 최고의 모델들 ● 소그룹과 셀그룹과 가정교회의 차이점 ● 현재와 미래의 가정교회 배가 운동의 동향 ● 전통적인 지역교회가 대형교회와 동역하는 방법

하나님과 함께 여는 하루 ❶ ❷
오스 힐만 지음 | 김현경 옮김 | 1권 404면, 2권 344면 | 각권 값 11,000원

하루를 시작할 때 하나님을 가장 먼저 만나야 한다는 사실에 이의를 제기할 사람은 아무도 없을 것이다. 하지만 이러한 인식이 단 몇 분이라도 현실로 나타날 수 있을까? 우리 인생에서 하나님을 항상 우선 순위에 두는 것은 쉽지 않아 보인다. 우리의 일터에서 하나님을 찾을 수 있는가? 오스 힐만은 이러한 상황과 필요를 정확히 읽고 이 글을 집필했다. 그는 하나님의 관점으로 삶과 일을 바라볼 수 있는 눈을 제시한다. 그리고 우리의 믿음과 용기를 고무시켜 하나님을 바라보는 것뿐만 아니라 매일의 삶 속에서 겪는 시험과 고민들 가운데 하나님을 초청하고 있다.

긍휼의 리더십
테드 엥스트롬 & 폴 세더 지음 | 메리앤 이 | 208면 | 값 9,800원

'너희 중에 누구든지 으뜸이 되고자 하는 자는 너희 종이 되어야 하리라'
이 책은 긍휼의 종으로서 사람을 인도하신 예수님을 따르려는 모든 기독교 지도자들에게 큰 도전이 되는 내용을 담고 있다. "너희 중에 누구든지 으뜸이 되고자 하는 자는 너희 종이 되어야 하리라." 이 말씀으로 예수님은 긍휼의 리더십의 본을 보여 주신다. 현대에 사는 우리가 이 말씀을 마음에 새긴다면, 리더십 스타일이나 모델, 방법에 대한 우리의 생각이 바뀌게 될 것이다.

당신의 자녀를 영적 챔피언으로 훈련시켜라
조지 바나 지음 | 차동재 옮김 | 214면 | 값 8,500원

어린이의 도덕적 성장이 아홉 살 이전에 완성된다. 그러므로 가능한 한 아주 어릴 때부터 적대적인 세상 사고와 가르침의 공세로부터 그들을 보호할 성경적 세계관을 전해 줄 수 있어야 한다. 교회는 부모에게 아이들을 하나님의 사람으로 양육하는 데 필요한 정보와 유익한 상담을 제공해야 한다. 지금은 부모를 무장시켜 아이들을 '영적 챔피언'으로 길러야 할 때다!

긍휼
짐 W. & 미갈 앤 골 지음 | 홍경주 옮김 | 304면 | 값 13,000원

예수님은 행하신 모든 일들과 만지신 모든 사람들을 통해 긍휼을 드러내셨다. 예수님은 긍휼로 사셨으며 긍휼로 숨쉬셨다. 그분은 어제도 긍휼이셨고 오늘도 긍휼이시다. 하나님께서 모든 긍휼 사역의 근원이시듯 당신은 긍휼의 마음이 하나님의 끝없는 사랑의 그림자임을 알게 될 것이다. 상한 세상 속에서 수백만의 사람들을 섬기며 하나님의 도구로 살았던 아홉 명의 긍휼한 여인들을 통해, 당신은 긍휼의 선구자가 될 수 있는 영감과 격려를 받을 것이다.

역사를 창조하는 기도
더취 쉬츠 & 윌리엄 포드 3세 지음 | 임종원 옮김 | 344면 | 값 13,000원

하나님께서는 과거에 행하셨던 강력하고도 시대를 초월하는 일들에 연결되어 미래를 열어가기 위한 권능을 우리가 부여받을 수 있기를 원하신다. 더취 쉬츠와 윌리엄 포드 3세는 우리가 성경에 나오는 믿음의 조상들을 바라보아야 하는 이유와 하나님께서 그 사람들과 맺었던 언약들을 갱신하시도록 기도해야 하는 이유를 밝히 드러내고 있다. 우리 기도와 우리 조상들의 기도를 결합시킴으로써 나타나는 이와 같은 상승 작용은 우리 자신과 각 나라와 전 세계를 향한 하나님의 궁극적인 목적이 이루어지는 방향으로 훨씬 더 강력하게 나아가도록 우리를 몰아간다.

이스라엘의 소명을 위해 기도하라
짐 골 지음 | 권지영 옮김 | 256면 | 값 11,000원

당신의 기도는 하나님의 예언적 일정표에 영향을 준다!
하나님의 예언의 달력에서 이미 페이지는 넘겨졌다. 하나님께서 다시 한 번 시간과 공간의 세계를 넘어 우리에게로 걸어들어 오실 신비의 날이 다가오고 있다. 이 예언의 성취를 위한 열쇠는 무엇인가? 해답은 이스라엘이다.
이스라엘의 소명에 대한 논쟁은 이 땅의 모든 나라들에 영향을 준다.

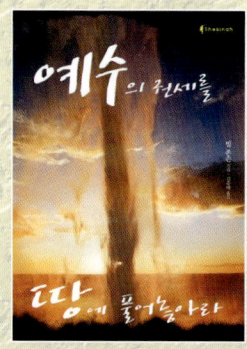

예수의 권세를 땅에 풀어놓아라
빌 존슨 지음 | 김유태 옮김 | 192면 | 값 10,000원

"주께서 당신에게 행하신 일을 간증함으로 예수님의 권세를 이 땅에 풀어놓아라!" 개인적인 간증이 힘이 있을까? 간증이 갖는 놀라운 능력! 당신이 입으로 시인할 때 그것을 듣는 이들의 삶에도 동일한 기적이 일어난다. 예수의 증거는 대언의 영이라! 주님의 기적을 선포하라.

영광에서 영광으로
체 안 지음 | 김주성 옮김 | 272면 | 값 12,000원

하나님의 원리는 우리가 영광에서 영광으로 이르며, 그리스도의 형상으로 화하는 것이다. 그것은 예수님께서 재림하시거나, 우리가 예수님이 계신 본향으로 돌아갈 때까지, 다가오는 모든 부흥의 새 물결에 우리가 잠겨야 한다는 것이다. 나는 하나님께서 그것을 원하신다고 믿는다. 예수님께서 우리에게 "하나님이 성령을 한량없이 주심이니라"(요3:34)고 말씀하셨다. 그것은 하나님께서 우리에게 아낌없이 성령을 주신다는 의미이다. 하나님의 뜻은 온 땅이 하나님의 영광으로 충만한 것이다. 그것을 위해, 하나님의 영광으로 땅을 채우실 것이고, 모든 육체에 성령을 부어주실 것이라고 약속하신다.

시편으로 기도하기
엘머 타운스 지음 | 이상훈 옮김 | 392면 | 값 13,000원

시편 기자가 울 때 당신도 울 것이고 그가 기뻐할 때 당신도 기쁨의 소리를 지를 것이며 화날 때 당신도 불같이 화내며 그가 하나님을 경배할 때 당신도 무릎꿇고 경배하게 될 것입니다.
이 책을 통해 매일 하나님을 생생하게 만나고 주님의 깊은 마음을 경험할 수 있다. 하나님을 체험하고 그의 만져 주심을 경험하기 위한 기도 안내서